国家自然科学基金面上项目“会计信息质量对企业技术创新的影响：
机理、路径与价值效应”（项目号：71672046）资助出版

会计信息质量对企业技术创新的影响机理及其实证研究

KUAIJI XINXI ZHILIANG DUI QIYE JISHUCHUANGXIN DE YINGXIANG JILI JIQI SHIZHENG YANJIU

中国财经出版传媒集团

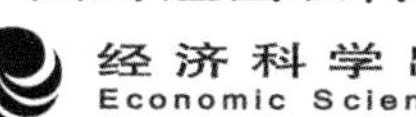

经济科学出版社
Economic Science Press

图书在版编目（CIP）数据

会计信息质量对企业技术创新的影响机理及其实证研究/王福胜，韩美妮，刘仕煜著．—北京：经济科学出版社，2020.4

ISBN 978-7-5218-1509-2

Ⅰ．①会…　Ⅱ．①王…②韩…③刘…　Ⅲ．①会计信息-影响-企业创新-研究　Ⅳ．①F273.1

中国版本图书馆CIP数据核字（2020）第067647号

责任编辑：杜　鹏　张立莉
责任校对：郑淑艳
责任印制：邱　天

会计信息质量对企业技术创新的影响机理及其实证研究
王福胜　韩美妮　刘仕煜　著
经济科学出版社出版、发行　新华书店经销
社址：北京市海淀区阜成路甲28号　邮编：100142
编辑部电话：010-88191441　发行部电话：010-88191522
网址：www.esp.com.cn
电子邮件：esp_bj@163.com
天猫网店：经济科学出版社旗舰店
网址：http：//jjkxcbs.tmall.com
固安华明印业有限公司印装
710×1000　16开　12.5印张　220000字
2020年5月第1版　2020年5月第1次印刷
ISBN 978-7-5218-1509-2　定价：59.00元
（图书出现印装问题，本社负责调换。电话：010-88191510）

前　言

会计信息是维持所有权和经营权分离为主导经营模式的市场经济体系有效运转的最关键的信息机制。投资是企业三大财务决策的核心决策，近十年来，学者们开始关注会计信息质量对企业投资的影响。但是，目前相关研究主要考察了会计信息质量对企业整体投资的影响，却较少探究企业会计信息质量对其具体投资项目的影响。然而，企业技术创新是一项特殊的投资，其在风险和收益等方面均与其他投资有显著的区别，可见，会计信息质量对整体投资的作用规律未必适用于企业技术创新；企业技术创新也是一项重要的投资，其对微观企业核心竞争力的建设和宏观经济的持续高速发展均具有重要的意义，因此，有必要专门探究会计信息质量对企业技术创新的影响。鉴于此，本书构建了会计信息质量影响企业技术创新的理论分析框架，揭示了会计信息质量影响企业技术创新的机理。本书研究不仅丰富了会计信息质量经济后果的相关研究，也丰富了企业技术创新影响因素的研究。本书主要包括以下内容。

（1）构建会计信息质量影响企业技术创新的理论分析框架。本书以信息不对称理论、投资者保护理论、代理理论和契约理论为支撑，运用文献分析法和规范分析法，以信息视角下企业技术创新的实现机理为切入点，探究了会计信息质量影响企业技术创新的关键路径，分析了会计信息质量对企业技术创新影响的制度依存性，阐释了会计信息质量对企业技术创新价值效应的影响，进而构建出会计信息质量对企业技术创新的作用机制框架，并作为全书的理论基础。

（2）针对会计信息质量是否会影响企业技术创新的问题，本书通过构建数理模型、运用仿真分析方法和多元回归分析方法进行验证，研究结果表明，在控制了企业特征和治理结构等因素后，较高的会计信息质量可提升企业技术创新。通过控制内生性问题后，发现较高的会计信息质量依旧会对企业技术创新发挥正向影响。

（3）针对会计信息质量如何影响企业技术创新的问题，本书在构建会计信息质量影响企业技术创新理论分析框架的基础上，从融资路径、治理路径和投资路径三条路径出发，对会计信息质量影响企业技术创新的路径机理进行分析，揭示了关键路径下会计信息质量对企业技术创新的影响机理。研究结果表明：首先，较高的会计信息质量能够通过降低融资约束问题的路径来提升企业技术创新。其次，较高的会计信息质量能够通过治理代理问题的路径来提升企业技术创新。最后，较高的会计信息质量能够通过提升企业投资效率的路径来促进企业技术创新。

（4）针对会计信息质量何时影响企业技术创新的问题，本书从理论上分析了不同的法治环境、金融市场环境和政府干预环境的制度环境条件下会计信息质量对企业技术创新影响的差异，揭示了会计信息质量影响企业技术创新的制度依存特征。研究结果表明：首先，与较完善的法治环境相比，在较不完善的法治环境中较高的会计信息质量对企业技术创新的影响更高。其次，与发展水平较高的金融市场环境相比，在发展水平较低的金融市场环境中，较高的会计信息质量对企业技术创新的影响更高。最后，与较低严重程度的政府干预环境相比，在较高严重程度的政府干预环境中，较高的会计信息质量对企业技术创新的影响更高。本书分别从法治环境、金融市场环境、政府干预环境角度证明了会计信息质量和制度环境在促进企业技术创新方面存在替代关系。

（5）探究会计信息质量对企业技术创新价值效应的影响。基于外生增长理论、内生增长理论、可竞争性理论和信号传递理论，本书从企业的生产价值、财务价值和市场价值三个维度，从理论上分析会计信息质量影响企业技术创新价值效应的机理，通过使用道格拉斯生产模型、多元回归模型和调节效应模型进行检验，研究结果表明：首先，企业技术创新存在显著的正向生产价值效应、正向财务价值效应和正向市场价值效应。其次，较高的会计信息质量能够显著地提升企业技术创新的生产价值效应、财务价值效应和市场价值效应。

国内外学者在进行会计信息质量和企业投资关系的研究时大多基于企业整体投资的视角，本书从企业技术创新的视角细化并深化了会计信息质量对企业投资的影响。从理论上看，本书研究可以为会计信息质量与企业技术创新领域的更深入的研究提供理论支持；有助于发展会计信息质量的理论内涵，丰富企业技术创新理论，完善制度环境理论，充实经济增长理论；有助于揭示会计信息质量对企业技术创新的作用机理和限制条件。从实践上看，本书研究从企业技术创新的角度，为企业提高自身会计信息质量提供了激励，并为政府规范企业的会计信息质量提供了证据支持；有助于鼓励企业通过信息机制来引导市场资源配置到企业技术创新中，降低企业技术创新的相关交易成本，促使更多的企业技术创新机会得以实现；并有助于提升企业技术创新转化为企业价值的效率。

在本书的写作过程中，同事和家人给予我大力支持。University of Alberta 的 Randall Morck 教授，哈尔滨工业大学王铁男教授、鞠晓峰教授、胡珑瑛教授、姜明辉教授、郭海凤教授和吴伟伟教授为本书的研究工作提出了许多宝贵意见；家人在生活和工作中给予我巨大的支持和鼓励；经济科学出版社的编辑同志在本书的编辑加工过程中付出了辛勤的劳动，提出了许多建设性意见。由于作者经验、水平和时间所限，书中难免会有疏漏，当然文责自负。不妥之处，敬请读者批评指正。

作 者

2020 年 1 月于哈尔滨

Contents

目录

第1章 绪 论

1.1 选题背景

1.1.1 选题理论背景

会计信息是所有权和经营权分离为主导经营模式的市场经济体系得以有效运转的最关键机制之一（Bushman and Smith，2001）。会计信息质量的经济后果一直是学者们关注的热点问题。以往学者大多关心会计信息质量对企业融资和股利分配的影响。然而，会计信息质量对企业投资的影响，能够体现会计信息更为本质的作用，这是因为：一方面，投资是企业三大财务决策的核心决策，企业融资内生于企业投资的需求，企业投资收益决定了企业可分配股利的多寡；另一方面，融资和股利分配仅直接影响现金流的分配，而投资则可直接影响现金流的产生。鉴于此，近10年来，学者开始关注会计信息质量对企业投资的影响（Balakrishnan et al.，2014）。但目前相关研究大多仅关注会计信息质量对企业整体投资的影响，而较少探究其对具体的投资项目的影响。

企业技术创新是一项特殊的投资。企业技术创新具备风险高、收益高、无形性高、资本回收期长且排他性低等特性（Cornaggia et al.，2015）。企业技术创新也是一项重要的投资：假设其他市场条件不变，由于边际报酬递减规律的客观存在，企业仅靠其他投资的积累，其生产效率增长终将出现停滞，而无法给企业持续带来正的净现金流。基于内生增长理论，企业技术创新能够帮助企业克服边际报酬规律的限制（Solow，1957；King and Robson，1993），打破企业生产效率停滞的僵局，从而使企业持续产生正净现金流。鉴于企业技术创新的特殊性，会计信息质量对企业整体投资的作用规律未必完全适用；鉴于企业技术创新的重要性，有必要专门探究会计信息质量对企业技术创新的影响。

1.1.2 选题实践背景

近三十年来，我国经济高速发展，GDP 总量年均保持近 10% 的增长率，约 4.39 亿人脱离了贫困。然而，我国取得举世瞩目的经济发展成就的背后存在两个重要问题：第一个问题是经济增长驱动力结构不合理；第二个问题是资本配置路径不合理。

长久以来，投资特别是固定资产投资一直是我国经济增长的重要引擎。据国家统计局数据可知，固定资产投资占我国 GDP 的比重居高不下且不断攀升，“九五”“十五”“十一五”该比例分别为 32.83%、41.58% 和 59.5%，2011～2014 年，该比例分别为 64.34%、70.13%、76.03% 和 80.56%。相比之下，2011～2014 年，我国研发经费投入分别仅占 GDP 的 1.84%、1.98%、2.08% 和 2.1%。除了投资之外，出口也是我国经济增长的重要拉动力，然而随着本土劳动力数量的减少且成本不断提升，我国出口的低劳动力成本优势也不断消逝。由于我国企业不掌握产品的核心技术，我国企业长期处于全球产业价值增值链低端的加工装配阶段，仅能获得微薄的利润。例如，2012 年华泰联合证券研究报告显示，掌握 iPhone 手机核心技术的美国苹果公司获取了其约 60% 的利润，我国企业仅获得了不足其 2% 的利润。目前，我国经济已经开始出现周期性产能过剩危机和经济增长放缓的迹象。例如，2012～2014 年，我国 GDP 增长速度均低于 8%，2015

年跌破7%。

由于经济增长驱动力结构的不合理，我国也为经济发展付出了巨大的代价，我国经济飞速发展加快了本土资本的枯竭速度和环境的退化速度。根据世界能源统计年鉴（2015）可知，中国新增一次能源消费连续14年全球领先。据联合国环境规划署研究，2012年底，我国空气质量不达标的大城市超过70%，约60%的地下水遭到污染。由于我国企业缺乏自主创新能力，我国经济发展付出的产出代价换来的产出是低效率的。据世界银行最近调查数据可知，中国“单位能耗”产出的GDP仅为全球均值的58.1%。

面对我国GDP增长率不断下滑和环境污染问题日益严重的形势，我国必须要转换传统的经济增长方式，全面实施“创新驱动”的经济发展战略。企业是国家技术创新体系的主体，企业的技术创新能力对于实现我国经济转型至关重要。当前，产品生命周期加速缩短，成本急剧增加，我国企业必须要加速提高自身技术创新水平，方可在经济全球化的激烈竞争市场中获得生存，企业只有通过技术创新才可能进入具有较高附加价值的全球产业价值增值链高端。然而，当前我国企业技术创新存在诸多缺陷。按国际标准，研发投入和营业收入比例为2%时企业仅能维持生存，该比例达到5%时企业才有较强的竞争力。据《中国统计年鉴》可知，2011~2013年，我国规模以上工业企业的研发投入和营业收入比例分别为1.03%、1.10%和1.11%，即均低于2%。中国500强企业发展报告显示，2011~2014年，这些企业研发投入和营业收入的比例分别为1.44%、1.33%、1.27%和1.25%。可见，即使是综合实力较高的前500强企业的研发投入和营业收入比例也要低于2%，并且该比例已连续下滑3年。据《工业企业科技活动统计年鉴》可知，2011~2013年，我国工业企业中有研发机构的企业所占比例分别为7.8%、11.3%和11.6%。2014年我国专利局统计显示，在世界知识产权组织划分的35个技术领域中，我国本土拥有的10年以上有效发明专利的数量仅为国外在华的1/3。

以上分析表明，技术创新对于我国经济转型具有战略意义，以技术创新作为经济增长驱动力可以解决我国经济发展的第一个问题。然而，我国企业技术创新实力较薄弱。那么，如何能够保证我国企业技术创新的实现，使更多的资本有效地配置到企业的技术创新相关项目中呢？这个问题与我国经济发展的第二个问题相关，即与资本配置路径问题相关。

我国处于经济转型期，企业内外的制度都处于不断变革中且尚欠完善，非正式的信任和关系在我国资本配置中发挥着显著作用，我国企业普遍通过与外界建立各种非正式的信任和关系的方式来获取资本。健康的资本市场运行，应以“信息”为配置资本的中枢，通过信息引导资本配置到企业并最终配置到有价值的投资项目中（Lambert and Verrecchia，2015），资本市场中的资本配置过程本质上应是处理信息的过程。基于诺贝尔经济学奖获得者阿克洛夫的“柠檬理论”，在信息不对称的条件下，好的投资项目会被放弃（Akerlof，1970），著名学者哈尔和勒纳（Hall and Lerner，2010）联合在美国国家经济研究局发表文章表示，与普通投资项目相比，投资者更难分辨出企业技术创新项目的优劣，因而企业技术创新更易因遭受“柠檬问题”而被挤出，低劣的“信息”是阻碍企业技术创新的重要因素。我国大多数企业建立的非正式的信任和关系对资本的配置效率是低效的，与以“客观事实”为依据的“信息”相比，非正式的信任和关系在配置资本的过程中会受到“私人寻租空间”的约束，从而会挤出企业技术创新等有价值的投资机会，降低企业的技术创新水平，有学者将此称为非正式的信任和关系的“诅咒效应”（袁建国等，2015）。综合前文所述可知，我国经济发展的资本配置路径缺乏依赖“信息”的问题必然导致我国经济发展缺少“技术创新”驱动力；我国经济发展驱动力缺乏“技术创新”的外在表现，是由资本配置路径缺乏“信息”的深层问题决定的，如图 1.1 所示。

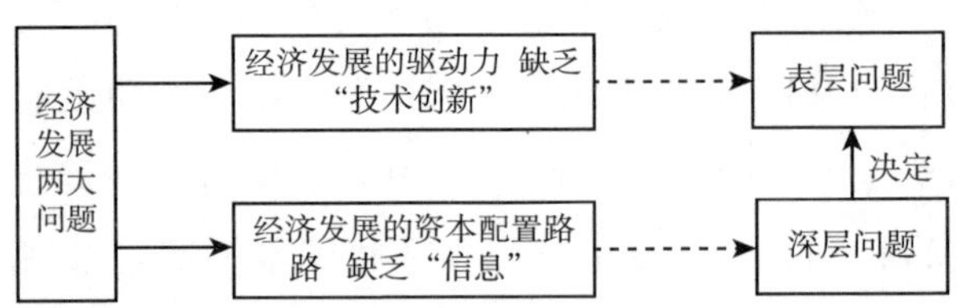

图 1.1　我国经济发展两大问题的关系

企业是我国技术创新的主体，而“会计信息”是企业对外提供的最重要的“信息”，是降低企业内外部信息不对称的最重要的工具。企业理应通过较高的会计信息质量，降低信息摩擦，提高资本配置效率，使更多企业技术创新等有价值的项目得以实现。然而，我国企业的会计信息质量整体仍处于较低水平。我国企业会计信息舞弊事件层出不穷，其中不乏性质恶劣的极端舞弊事件。尽管我国分别于 1981 年和 2006 年两次大规模调整了会计制度体系，多次强化会计信息监管制度，但是与发达国家的企业相比，我国企业的会计信息质量整体仍处于较低水平。因此，我国会计信息质量普遍偏低很有可能是导致企业技术创新被挤出的重要原因。但是以往却少有学者检验会计信息质量和企业技术创新的关系。那么，会计信息质量究竟会对企业技术创新产生怎样的影响，以及如何产生这种影响？基于我国经济转型的背景，会计信息质量对企业技术创新产生的影响会受到哪些制度安排的限制？此外，对于企业来说，企业技术创新若无法最终发挥价值效应则会失去意义，那么，我国企业技术创新是否能够有效地转化为企业价值，会计信息质量是否能够提升企业技术创新转化为企业价值的效率？

1.2 研究目的与研究意义

1.2.1 研究目的

本书的主要研究目的在于探究会计信息质量对企业技术创新的影响，具体包括以下四个方面。

1.2.1.1 构建会计信息质量影响企业技术创新的理论分析框架，刻画会计信息质量影响企业技术创新的机制

分析和总结国内外研究成果，综合运用信息不对称理论、投资者保护理论、代理理论、契约理论，构建会计信息质量影响企业技术创新的理论分析框架，打开会计信息质量影响企业技术创新的“黑匣子”，从理论上诠释会计信息质量影响企业技术创新的机理。

1.2.1.2 通过考察会计信息质量影响企业技术创新的中介效应，探究会计信息质量对企业技术创新的影响过程和作用机制

借鉴中介效应分析的研究成果，分别设计融资路径、治理路径和投资路径的中介效应的检验模型和分析流程，通过检验降低融资约束问题、治理双重代理问题（第一类代理问题和第二类代理问题）和改善低投资效率问题（过度投资问题和投资不足问题）对会计信息质量与企业技术创新关系的中介效应，揭示会计信息质量对企业技术创新发挥影响的传导机制。

1.2.1.3 通过考察会计信息质量影响企业技术创新的制度依存特征，探究会计信息质量对企业技术创新的影响条件

根据现有制度环境研究（李延喜等，2015），从法治环境、金融市场环境和政府干预环境三个制度环境的维度，按照制度环境完善程度的高低将研究样本进行分组，比较不同完善程度的法治环境、金融市场环境和政府干预环境条件下会计信息质量对企业技术创新影响的差异，揭示会计信息质量对企业技术创新发挥影响的制度约束条件。

1.2.1.4 检验会计信息质量对企业技术创新价值效应的影响

从生产价值、财务价值和市场价值三个企业价值维度，检验会计信息质量在企业技术创新转化为企业价值的过程中发挥的作用，拓展并深化对会计信息质量影响企业技术创新的认识。

1.2.2 研究意义

1.2.2.1 理论意义

（1）有助于拓展和深化会计信息质量的理论内涵。本书从企业技术创新角度研究了会计信息质量的经济内涵，从理论上论证会计信息质量是影响企业技术创新及其价值效应的因素之一。会计信息质量与其他因素相结合，共同影响企业技术创新水平及其价值效应，这将深化对会计信息质量的理论认

识，有助于丰富会计信息质量的理论内涵。

（2）有助于拓展和深化会计信息质量经济后果的研究。本书研究会计信息质量影响企业技术创新的机理和传导路径，构建会计信息质量影响企业技术创新的理论分析框架和机理分析模型，从融资路径、治理问题路径、投资路径三条路径，探究会计信息质量影响企业技术创新的实现的内在机理和传导机制。这些理论分析框架和机理分析模型的构建，将拓展、细化以及深化现有会计信息质量的经济后果研究。

（3）有助于增强会计信息质量对企业技术创新影响的理论适用性。会计信息将资本配置到企业技术创新的过程中，要受到制度环境的限制，因而会计信息质量对企业技术创新的影响会因企业的制度环境不同而异。本书从法治环境、金融市场环境和政府干预环境三个制度环境维度，考察了不同制度环境条件下，会计信息质量对企业技术创新影响的差异，这有助于更全面客观地认识会计信息质量对企业技术创新发挥的经济作用及其现实限制条件，从而使理论研究更接近实践，增强会计信息质量影响企业技术创新理论研究的适用性。

（4）有助于充实和发展经济增长理论。企业技术创新决定了微观企业未来生产和经营的前进方向，有助于提高微观企业价值，进而推动宏观经济增长。本书从企业生产价值、财务价值和市场价值三个企业价值的维度，探究了企业技术创新对企业价值影响的机理，以及会计信息质量对企业技术创新价值效应的影响机理，有助于丰富对微观企业价值增长和宏观经济增长的认知。

1.2.2.2 实践意义

（1）有助于提高企业的会计信息质量。较高的会计信息质量可发挥积极的经济影响，是企业和政府提高会计信息质量的动力。本书不仅从理论上定性解释会计信息质量如何促进企业技术创新，而且通过实际数据定量检验了会计信息质量对企业技术创新的影响。一方面，能够帮助企业更清楚地认识到提升会计信息质量对企业技术创新产生的积极经济后果，有助于提高企业提升自身会计信息质量的主动性和自觉性。另一方面，从企业技术创新的角度，为政府通过规范会计制度和加强对企业会计信息的监管等方式提高企业会计信息质量提供了理论依据和经验证据。

（2）有助于提高我国企业的技术创新水平。本书分析了我国企业技术创新水平相对较低的原因，并从会计信息质量角度提出了提升我国企业技术创新水平的方法，有助于改善我国企业技术创新水平较低的现状。本书也考察了制度环境如何影响会计信息质量对企业技术创新的作用，这有助于政府和企业更深入且全面地认识会计信息质量对企业技术创新发挥经济影响的制度依存特征，从而有助于政府积极建设有利于企业技术创新的制度环境，有助于企业通过提升自身的会计信息质量来补偿现阶段我国尚不完善的制度环境的劣势，进而促进企业技术创新。

（3）有助于提高市场资本配置效率。本书将会计信息质量纳入企业技术创新的影响因素中，有助于企业通过高质量的会计信息机制来引导市场资本配置到企业，并由企业配置到企业技术创新中，以促使更多的有价值的投资机会得以实现，从而提升市场资本配置效率。

1.3 研究现状及评述

1.3.1 会计信息质量概念界定的相关研究

1.3.1.1 会计信息质量的含义

杨世忠（2007）认为，会计信息是反映企业价值运动的经济信息，会计信息质量是会计信息需求者与会计信息供应者之间相互博弈的结果，通常企业的会计系统为会计信息的供应者，利益相关者为会计信息的需求者。逯东等（2012）认为，会计信息是反映企业日常运营情况的基本信息，可用来判断企业现有获利能力和未来经营前景。葛家澍（2012）认为，会计学术领域已达成“会计为一个经济信息系统”的基本共识，会计系统的产品为经济信息，主要包括成本信息和财务信息，该信息不仅是“精神产品”，也是“精神商品”，会计信息的价值只有被使用者加以利用（如降低成本、提高运营效率和利润等）方可得以体现。利特尔顿（Littleton，1953）将会计的最高目标定义为帮助人们借助会计数据了解企业，这渗透了会计信息应该满足“使用者需求”的观点。我国会计信息质量特征研究课题组（2007）将会计信息质量定义为会计信息满足会计信息使用者需求特征的总和。

1.3.1.2 会计信息质量的特征

度量会计信息质量的高低，就要定义会计信息质量的“固有特性”，即定义会计信息质量的特征。

会计信息质量特征的界定经历了较长期的演化过程。1966 年，美国会计学会（American Accounting Association）首次提出了会计信息质量的特征的概念，并将其概括为相关性、中立性、可验证性及定量性。1980 年，美国财务会计准则委员会（Financial Accounting Standards Board，FASB）将会计信息特征进一步细化和分层，此次关于会计信息质量特征的界定受到了学术界和实务界的广泛接受和借鉴。FASB（2015）认为，可从可靠性、相关性、及时性、可理解性、可比性、谨慎性等角度来判断企业的会计信息质量。其中：（1）可靠性和相关性是更为本质的判断。（2）可靠性和相关性为更高层次的会计信息质量特征。（3）其余所有的会计信息质量特征均可以归结为相关性或者可靠性这两种特征。值得注意的是，这些特性之间存在天然的矛盾，例如，如果过于强调会计信息的相关性，那么难免会导致会计信息受到过多的主观判断因素的干扰，则会计信息的可靠性可能会被迫降低；如果一味地通过详尽地核实和求证来保证会计信息的可靠性，就会增加较多低信息含量的会计信息，会计信息的相关性就会被降低，并且为了搜集过于详尽的会计信息的相应证据，需要付出较多的额外时间，会计信息的及时性就会被降低。

为了符合我国会计人员的认知，葛家澍（1992）认为，“决策相关性”调整为“相关性”，“可靠性”调整为“真实性”，更利于理解。目前，我国关于会计信息质量特征的理论研究受益并传承了葛家澍的调整办法。关于会计信息质量应该更符合相关性特征还是可靠性特征，学术界和实践领域各自均未形成统一的看法，并随着时间的推移和经济社会的发展，在两种特征中徘徊。葛家澍和占美松（2007）给出了较中立的答案，他们认为，相关性和可靠性是会计信息质量的基本属性，并认为，在准则制定层面要优先考虑相关性，而报表编制层次，可靠性比相关性更重要，企业在选择具体的会计计量属性时，要针对计量对象的特点，将相关性和可靠性加以兼顾。

1.3.1.3 会计信息质量的度量

基于“适用性质量观”，会计信息质量可以概括为会计信息质量特征的总和，并且质量只有通过特征才可以定性或定量地度量。目前，关于会计信息质量的度量是基于会计信息质量的特征进行的。鉴于此，可靠性和相关性可以概括会计信息质量的所有特征，可以将会计信息质量的度量分为三类：一是基于可靠性的度量；二是基于相关性的度量；三是基于复合特征的度量。

（1）基于可靠性对会计信息质量的度量。对于会计信息质量可靠性的度量，主要有六种方式，即通过应计质量、会计信息稳健性、外部指示变量、可理解性、信息透明度和可比性方式来反映会计信息的可靠性。

第一，应计质量及其度量。基于应计质量界定会计信息质量的研究可以分为两个阶段。第一阶段由希利（Healy，1985）开启并由琼斯（Jones，1995）加以完善，该阶段的核心思想为，总应计利润由可操纵性和不可操纵性两部分组成，其中，可操纵性应计利润反映了管理者的主观判断，因此，可操纵性应计利润越大，企业的应计质量就越低。第二阶段由迪舟和迪切夫（Dechow and Dichev，2002）引领并由鲍尔和西瓦库玛（Ball and Shivakumar，2005）完善，该阶段的核心思想为，企业的应计项目是基于企业管理者主观的假设和估计计算出来，因而难免有欠缺或者错误。由于权责发生制和收付实现制计量的企业收入相关的资本流量合计数字终将趋于一致，企业的经营现金流为企业的营运资本数量回归正确值提供了参考。因此，一旦应计项目出现错误，一定会在未来的应计项目中予以订正。按照权责发生制计量的应计项目的估计误差较小时，营运资本应该与企业的经营现金流量的一致程度更高。

希利（Healy，1985）开创了第一个阶段应计利润质量的计量模型。希利

（1985）假定，在测量阶段内各期的非可操纵性应计利润是一致的，即测量阶段内总操纵性应计利润的均值，而各期内的可操纵性应计利润如下所示：

$$DA_{i,t} = TA_{i,t} - \frac{\sum_{t=1}^{n} TA_{i,t}}{N} \tag{1.1}$$

其中，*DA* 和 *TA* 分别为可操纵性应计利润和应计项目总额。

迪安杰罗（DeAngelo，1986）基于非可操纵性应计利润服从随机游走过程的假设，每期的非操纵性应计利润均为前一期的应计利润总额。各期的可操纵性应计利润表示为：

$$DA_{i,t} = TA_{i,t} - TA_{i,t-1} \tag{1.2}$$

琼斯（1991）在迪安杰罗（1986）模型的基础上，修正了非可操纵性应计利润不变的假设，并认为非可操纵性应计利润随着企业销售收入和固定资产折旧的变化而变化，通过较长的时间序列并运用多元线性回归分析统计工具进行计量，是更为复杂且精确的计量模型，也被后来的学者广泛接受和应用。而企业的固定资产净值为其计提固定资产折旧的基础。Jones 模型如下所示：

$$\frac{TA_{i,t}}{Asset_{i,t-1}} = \alpha_0 + \beta_1 \frac{\Delta REV_{i,t}}{Asset_{i,t-1}} + \beta_2 \frac{PPEA_{i,t}}{Asset_{i,t-1}} + \varepsilon_{i,t} \tag{1.3}$$

或

$$DA_{i,t} = \frac{TA_{i,t}}{Asset_{i,t-1}} - \left(\hat{\alpha}_0 + \hat{\beta}_1 \frac{\Delta REV_{i,t}}{Asset_{i,t-1}} + \hat{\beta}_2 \frac{PPEA_{i,t}}{Asset_{i,t-1}}\right) \tag{1.4}$$

模型（1.3）中，*TA* 和 *PPEA* 分别表示应计项目总额和固定资产总额；ΔREV 表示收入与前一年相比的变化额；ε 是残差项，残差项表示企业的可操控应计项目，残差项越大，则表示企业的盈余质量越差。模型中，$\hat{\alpha}_0$、$\hat{\beta}_1$ 和 $\hat{\beta}_2$ 为模型（1.4）中 α_0、β_1 和 β_2 的估计值。*DA* 等于模型（1.3）中残差项 ε。

迪舟等（Dechow et al.，1994）认为，企业管理者往往会通过赊销来操控应计利润，于是在 Jones 模型的基础上做相应的调整，即扣除企业收入中应收账款的变化部分。具体如下所示：

$$\frac{TA_{i,t}}{Asset_{i,t-1}} = \alpha_0 + \beta_1 \frac{\Delta REV_{i,t} - \Delta REC_{i,t}}{Asset_{i,t-1}} + \beta_2 \frac{PPEA_{i,t}}{Asset_{i,t-1}} + \varepsilon_{i,t} \tag{1.5}$$

或

$$DA_{i,t} = \frac{TA_{i,t}}{Asset_{i,t-1}} - \left(\hat{\alpha}_0 + \hat{\beta}_1 \frac{\Delta REV_{i,t} - \Delta REC_{i,t}}{Asset_{i,t-1}} + \hat{\beta}_2 \frac{PPEA_{i,t}}{Asset_{i,t-1}}\right) \tag{1.6}$$

其中，ΔREC 表示应收账款净额与前一年相比的变化额。

迪舟和迪切夫（Dechow and Dichev，2002）开创了第二个阶段应计利润质量的计量模式，设计了 DD 模型。DD 模型是将企业的当期运营资本应计利润和企业的经营现金流建立了联系，然后通过残差表示应计质量。具体如下：

$$\Delta WC_{i,t} = \beta_0 + \beta_1 CFO_{i,t-1} + \beta_2 CFO_{i,t} + \beta_3 CFO_{i,t+1} + \varepsilon_{i,t} \tag{1.7}$$

或

$$DA_{i,t} = \Delta WC_{i,t} - (\hat{\beta}_0 + \hat{\beta}_1 CFO_{i,t-1} + \hat{\beta}_2 CFO_{i,t} + \hat{\beta}_3 CFO_{i,t+1}) \tag{1.8}$$

其中，ΔWC 为营运资本的变化额。DD 模型是对 Jones 模型一次深刻地变革，从应计质量的角度为度量会计信息质量提供了良好的参考。DD 模型被许多著名学者用来作为度量会计信息质量的依据，如弗兰奇等（Franci et al.，2004）、比德尔等（Biddle et al.，2009）和李青原（2009）。

巴特查里亚等（Bhattaeharya et al.，2003）基于公司应计项目与现金流变化程度的相关系数度量应计质量。该方法的基本思想为，企业应计项目和现金流的相关系数理论上应该接近于0，若此相关系数很大，则说明上市公司管理者很有可能通过两者差异平滑了利润，以迎合企业投资者对稳定经营状况的需求。具体如下所示：

$$DA_{i,t} = \frac{\delta(Prof_{i,t})}{\delta(Cfo_{i,t})} \tag{1.9}$$

其中，$\delta(Prof)$ 表示企业 i 第 t－4 年到第 t 年营业利润的标准差；$\delta(Cfo)$ 表示企业 i 第 $t-4$ 年到第 t 年净现金流的标准差。

鲍尔和西瓦库玛（Ball and Shivakumar，2005）认为，传统的 DD 模型未能体现会计信息时间上非对称地处理损失的计量特点，而分段线性模型可解决此问题，于是提出现金流量与应计利润的分段线性估计模型来测量会计信息质量。该模型现被学者称为修正的 DD 模型或者非线性应计模型，具体如下所示：

$$ACC_{i,t} = \beta_0 + \beta_1 DCFO_{i,t} + \beta_2 CFO_{i,t} + \beta_3 DCFO_{i,t} * CFO_{i,t} + \varepsilon_{i,t} \quad (1.10)$$

或 $$DA_{i,t} = ACC_{i,t} - (\hat{\beta}_0 + \hat{\beta}_1 DCFO_{i,t} + \hat{\beta}_2 CFO_{i,t} + \hat{\beta}_3 DCFO_{i,t} * CFO_{i,t}) \quad (1.11)$$

在模型（1.10）中，*CFO* 表示经营现金流量；*DCFO* 表示虚拟变量，当 $CFO<0$ 时，$DCFO=1$，否则为0。用行业和年度计算第 $t-4$ 年到第 t 年间模型（1.11）的估计残差的标准差的相反数表示应计质量，该值越高表示应计质量越高。

第二，会计信息稳健性及其度量。通过会计信息稳健性来度量会计信息质量是基于会计信息的谨慎性与及时性特征。瓦茨和齐默尔曼（Watts and Zimmerman，1986）认为，在不影响合理计量的前提下，确认收入或者资产价值时，应该选择对所有者权益影响最小的方式，但是在确认损失和费用时，要选择对所有者权益影响最大的方式，即可概括为尽量早确认损失，尽量延后确认收益。可见会计信息的稳健性往往和企业损失确认的及时性相关。

巴舒（Basu，1997）也基于会计信息的稳健性，提出企业在确认收益和损失时的及时性存在不对称性，这体现为确认损失要比确认收益更加及时。巴舒基于不对称的及时性提出的会计信息谨慎性也被现有文献广泛接受。Basu 模型如下所示：

$$EPS_{i,t} = \beta_0 + \beta_1 R_{i,t} + \beta_2 DR_{i,t} + \beta_3 R_{i,t} \times DR_{i,t} + \varepsilon_{i,t} \quad (1.12)$$

在模型（1.12）中，*EPS* 表示每股净利润。*R* 表示股票收益率（经现金红利调整后）。*DR* 为虚拟变量，当 $R<0$ 时，$DR=1$；当 $R>=0$ 时，$DR=0$。若会计信息具备谨慎性，则预期 $\beta_3>0$。$(\beta_1+\beta_3)/\beta_1$ 为 Basu 系数，通常来表示会计信息谨慎性。

罗伊乔杜里和瓦茨（Roychowdhury and Watts，2007）解释了短期内股票收益率和长期内股票收益率与每股净利润关系的非对称性，通过累计股票收益率来替代当年的股票收益率，进而改进了 Basu 模型。

可汗和瓦茨（Khan and Watts，2009）指出，企业规模、账面价值和资产负债比率也是影响会计谨慎性三个重要的方面，因此，在 Basu 模型的基础上控制了这三方面的影响并对 Basu 模型进行改进，如下所示：

$$\begin{aligned} EPS_{i,t} = {} & \beta_0 + \beta_1 R_{i,t} + \beta_2 DR_{i,t} + \beta_3 R_{i,t} \times DR_{i,t} + \beta_4 Size_{i,t} + \beta_5 R_{i,t} \times Size_{i,t} \\ & + \beta_6 DR_{i,t} \times Size_{i,t} + \beta_7 R_{i,t} \times DR_{i,t} \times Size_{i,t} + \beta_8 MTB_{i,t} + \beta_9 R_{i,t} \\ & \times MTB_{i,t} + \beta_{10} DR_{i,t} \times MTB_{i,t} + \beta_{11} R_{i,t} \times DR_{i,t} \times MTB_{i,t} + \beta_{12} Lev_{i,t} \\ & + \beta_{13} R_{i,t} \times Lev_{i,t} + \beta_{14} DR_{i,t} \times Lev_{i,t} + \beta_{15} R_{i,t} \times DR_{i,t} \times Lev_{i,t} + \varepsilon_{i,t} \end{aligned} \tag{1.13}$$

模型（1.13）中，*Size*、*MTB* 和 *Lev* 分别表示企业规模、账面价值和资产负债比率。

第三，外部指示变量及其度量。这种方法主要是通过企业财务报告重大错报和企业会计信息质量评级来度量会计信息质量。

通过企业财务报告重大错报度量会计信息质量主要有两种方法：一是通过政府部门对重大错报企业的查处结果来度量会计信息质量。在国外，主要包括会计和审计制裁结果（accounting and auditing enforcement release，AAER）（Dechow et al.，2011）。研究表明，大部分被列入 AAER 的企业都存在夸大收入、虚增存货或其他资产的情况。因此，被列入 AAER 的企业意味着其会计信息质量较低。在我国，相关研究主要通过证监会的处罚结果来界定会计信息质量（刘立国和杜莹，2003）。二是通过财务报告重述的数据库界定会计信息质量。具体度量是利用 Lexis-Nexis News Library 和 SEC Filing Library 数据库提供的数据，将财务报告重述作为代理变量进行搜寻（Palmrose and Scholz，2004）；直接通过上市公司当年是否发生财务报告重述行为的二值变量进行判断（杨清香等，2015）。

采用第三方对企业的会计信息质量的评级也被用来反映会计信息质量。投资管理与研究协会（Association for Investment Management and Research，AIMR）通过研究企业年报的披露活动、企业季报的自愿披露等情况，发布了企业的信息披露评级。AIMR 评级也是学术界最为广泛用来衡量会计信息质量的评级标准。此外，对于会计信息质量评级的国际研究范围则依赖于 CIFAR 指数（La Porta et al.，1998）。我国学者多通过深圳证券交易所对上市公司的信息披露考评来测量会计信息质量，例如，杨海燕（2012）等、袁东任和汪炜（2015）。我国学者选取了该评级作为会计信息质量的衡量指标的原因是，该评级综合考虑了企业的自愿披露行为、财务信息、审计意见和公司治理等至少 10 种信息披露特征，可以全面反映会计信息质量；该评级遵循了一致的评级标准，即：不同期间的评级纵向可比，同一期间的评级横向可比。

第四，可理解性及其度量。冯（Feng，2008）开创性地通过“文本分析”（textual analysis）的方法来分析企业财务报表平均单句字数和财务报表的用词复杂程度（即超过两个音节的单词比例），并据此设计了 Fog 指数（Fog Index）来度量会计信息的可理解性。冯（2008）设计的 Fog 指数已成为研究会计信息可理解性最为广泛接受的指标。但是，洛克伦和麦克唐纳（Loughran and Mcdonald，2014）指出冯（2008）设计的 Fog 指数很难详细确认并难以测量，并提出年报用词数量是测量企业财务报表可理解性更好的指标。

第五，信息透明度及其度量。迪舟等（2010）基于反映企业价值变化的能力来界定会计信息质量，认为企业的会计信息应该是企业基本经营活动的函数。因此，高质量的会计信息应该能够充分反映企业的生产经营活动。巴斯等（Barth et al.，2013）认为，高质量的会计信息应该充分描绘企业经济价值的变化，并通过计算企业收入和企业股票收益的能力来衡量企业会计信息的透明度。

第六，可比性及其度量。最近比较受学者关注的会计信息可比性度量方法是由弗兰考等（Franco et al.，2011）提出的。该度量方法的核心思想为：一是会计系统的作用是将企业经济活动转化为会计信息；二是假设两个企业的经济活动是完全相同的，若这两个企业的信息可比性较高，那么这两个企业的会计报告应该相似度较高。该方法如下。

首先，按模型（1.14）对每家企业的股票收益率（*Earnings*）和净利润率（*Return*）的季度数据进行回归，得出系数的股计算值（$\hat{\alpha}_i$ 和 $\hat{\beta}_i$）。

其次，通过计算公司 i 按照自己的系数组合（$\hat{\alpha}_i$ 和 $\hat{\beta}_i$）得到的估计股票收益率（$E(Earnings)_{i,i,t}$），和公司 i 按其他公司（如公司 j）的系数组合（$\hat{\alpha}_j$ 和 $\hat{\beta}_j$）计算的估计股票收益率（$E(Earnings)_{i,j,t}$），如下所示：

$$Earnings_{i,t} = \alpha_i + \beta_i Return_{i,t} + \varepsilon_{i,t} \tag{1.14}$$

$$E(Earnings)_{i,i,t} = \hat{\alpha}_i + \hat{\beta}_i R_{i,t} \tag{1.15}$$

$$E(Earnings)_{i,j,t} = \hat{\alpha}_j + \hat{\beta}_j R_{i,t} \tag{1.16}$$

$$CompAcct_{i,j,t} = -1/16 \times \sum_{t-15}^{t} | E(Earnings)_{i,i,t} - E(Earnings)_{i,j,t} | \tag{1.17}$$

再次，按照模型（1.17）计算两个估计股票收益率的差并累计该差连续16个季度的绝对值之和，并将此作为公司 i 和公司 j 的会计信息的可比度（$CompAcct_{i,j,t}$）。

最后，最高的4个（或所有）$CompAcct_{i,j,t}$的平均值作为公司 i 的会计信息可比度。该方法也被我国学者广泛引用或借鉴，例如，袁知柱和吴粒（2012），胥朝阳和刘睿智（2014）。

（2）基于相关性对会计信息质量的度量。鲍尔和布朗（Ball and Brown，1968）通过股票变动相关的超额累计报酬率是否会随着企业净收益数据变动来测算会计信息的价值相关性。比弗（Beaver，1968）通过测算会计盈余数据是否能够影响股票交易量和非正常报酬率的方差来判断会计信息是否存在价值相关性。比弗等（Beaver et al.，1979）以美国1965～1974年的276家企业为例，测算了盈余数据变动百分比和股价变动百分比的自相关系数，并将其用来判断会计信息的价值相关性。

奥尔森（Ohlson，1995）在股票价格估价模型中引入会计数据，为从股票价格方面测量会计数据具备的信息含量提供了理论模型支撑。该模型是基于以下核心思想：股票价格等于未来股利的现值；所有能够引起企业净资产变动的活动均在利润表中体现，因此，权益账面价值的变化可等于企业利润减去股利分配，这是对现实情况的一种近似假设；剩余收益的随机序列过程为线性关系。该模型如下：

$$P_{i,t} = b_{i,t} + \alpha_1 x^{\alpha}_{i,t} + \alpha_2 v_{i,t} \tag{1.18}$$

其中，$\alpha_1 = \frac{\omega}{R_f - \omega}$；$\alpha_2 = \frac{R_f}{(R_f - \omega)(R_f - \gamma)}$。$P$、$b$、$x^{\alpha}$ 和 v 分别为企业 i 在第 t

期的股票价格、权益资本的账面价值和剩余利润的期望值、影响超额收益的其他因素的影响，R_f为无风险收益率，ω为非负常数，γ为小于1的常数。

基于奥尔森（Ohlson，1995）的研究，张（Zhang，2000）考虑了内生投资决定，并发现会计数据对企业投资决策也存在影响，从而会对企业价值产生影响。

赵宇龙（1998）通过事件研究法，用测算未预期盈余和股票非正常报酬率之间的关系来度量会计信息价值相关性。朱松（2011）和余海宗等（2013）均通过未预期盈余和股票非正常报酬率之间的关系来测算会计信息的价值相关性。

（3）基于复合特征对会计信息质量的度量。由于各种测量会计信息质量的办法均有侧重点，有些学者综合考虑各种会计信息质量特征，通过复合会计信息特征来度量会计信息质量。例如，李青原（2009）通过综合运用DD模型以及鲍尔和西瓦库玛的非线性应计模型、Jones模型和盈余平滑度模型来计算会计信息质量。陈丽红等（2015）以业务活动成本率、管理费用率和筹资费用率为基础，通过因子分析构建反映综合运营效率的会计信息指数，并以此表示会计信息质量。

1.3.2 会计信息质量的经济后果研究

1.3.2.1 会计信息质量对融资影响的研究

会计信息质量对企业融资影响的研究可以分为两个方面：一是直接探究投资者愿意为企业资产支付的价格，即探究会计信息质量对企业的资产定价的影响的研究。二是探究投资者要求企业支付的资本成本。

较高的会计信息质量对资产定价的影响，明显高于较低的会计信息质量。而关于会计信息对资产定价影响的研究，可以分为以下两个阶段。

第一阶段是会计信息质量与资产价格关系的“存在性”研究，即定性地研究会计信息质量对资产定价的经济影响。

鲍尔和布朗（Ball and Brown，1968）认为，若会计数据具备信息含量，那么股票价格就能根据会计数据的变化而进行调整，股票价格的调整就反映了会计数据承载的信息由企业向资本市场流动，由于投资者关心企业净收益数据，他们发现股票变动相关的超额累计报酬率会随着企业净收益数据而变动，由此证明了会计数据是具备信息含量的，此外，该研究对会计学术领域具有非凡的意义，标志着会计实证研究的诞生。比弗（Beaver，1968）发现，会计盈余信息和股票交易量之间存在较高的相关性，并且会计盈余信息也和企业非正常报酬率的方差存在密切联系，由此再次肯定了会计数据对资产定价的意义。比弗等（1979）以美国 1965 ~ 1974 年的 276 家企业为例，发现盈余数据和股价之间存在确定的数量关系，盈余数据变动百分比和股价变动百分比正相关，年平均自相关系数为 0. 74，从而定量地考察了会计信息与资产定价的关系。赵宇龙（1998）的研究表明，1996 年我国上海证券市场企业的盈余数据具有明显的信息含量。朱松（2011）和余海宗等（2013）的研究分别表明，企业对社会责任的履行程度和企业内部控制信息披露表现均积极作用于盈余数据的信息含量。

第二阶段是会计数据与资产定价关系的“测度”研究，即将会计信息纳入资产定价模型，定量地考察会计信息对资产定价的经济影响。

奥尔森（1995）、费尔特姆和奥尔森（Feltham and Ohlson，1995）将会计数据和股票价格直接联系起来，通过将会计数据编入股票价格估价模型的设计中，建立起会计数据和公司价值之间可量化的关系架构，从而确立了会计数据在市场定价中的作用，为测度会计信息对股票定价的影响提供了理论模型支撑。基于奥尔森（1995）、费尔特姆和奥尔森（1995）的研究，张（Zhang，2000）考虑了企业的内生投资决定，进一步发现会计数据对企业投资决策也存在影响，而投资决策能够影响公司价值，具体来说，会计数据能够引导公司通过执行扩张或者收缩的投资决定来调节经营活动，进而达到合理配置资金的目的，发挥计量绩效和引导投资双重作用。王博森和施丹（2014）认为，会计数据在公司债券一级市场中的定价和二级市场中的定价均存在信息有用性。张（2014）对会计数据在资产定价中发挥作用的理论、经验证据和实际应用进行了梳理，从资产定价角度系统地论述了会计数据的信息含量。

关于会计信息质量对企业的资本成本的影响，是会计信息质量对企业融资影响的另一个重要研究议题。现有相关研究，基本获得了一致的结论，即较高的会计信息质量能够降低企业的资本成本。

伊思利和奥哈拉（Easley and O'Hara，2004）的研究均表明，资本市场会要求存在信息风险的企业支付额外的资本成本。基于以往研究，弗兰西斯等（Francis et al.，2004）通过应计质量、价值相关性、谨慎性等多种方式来度量会计信息质量，检验会计信息质量对企业权益资本成本的影响，该研究表明，会计信息质量能够显著地降低企业的权益资本成本。弗兰西斯等（Francis et al.，2004）将应计质量等度量会计信息质量的方式称为以财务为基础的会计信息质量度量指标，并将价值相关性和谨慎性等方式称为以市场为基础的会计信息质量度量指标。该研究表明，以财务为基础的会计信息质量度量指标对企业权益资本成本的影响高于后者。值得注意的是，该研究表明，在多种度量会计信息质量的指标中，应计质量是降低企业权益资本成本最有效的会计信息质量指标。吴等（Ng et al.，2006）认为，盈余透明度是证券市场得以有效监管的四个关键因素之一，该研究发现，在盈余透明度较高的国家中，上市企业的融资成本较低。巴塔查里亚等（Bhattacharya et al.，2003）基于不同国家的会计准则进行研究，发现会计准则对盈余质量要求较高国家的企业融资成本较低。曾颖和陆正飞（2006）的研究结果表明，较高的会计信息质量能够降低企业的股权融资成本。兰伯特等（Lambert et al.，2007）构建了会计信息质量影响企业资本成本的理论模型，并发现，较高的会计信息质量不仅可以通过影响企业现金流与其他企业现金流之间不可分散的评估协方差来直接降低企业的资本成本，还可以通过影响企业的真实决策来间接降低企业的资本成本。德米塔斯和科尔纳贾（Demirtas and Cornaggia，2013）认为，由于信用评级机构会通过企业的财务信息来评判企业的信用等级。企业会通过盈余管理行为来误导信用评级机构对企业信用等级的评判，并且信用评级机构也的确会被企业的盈余管理行为误导。魏明海等（2013）基于德姆塞茨（Demsetz，1968）对证券市场的交易成本的理论分析，依据买卖价差来度量证券市场的交易成本，发现应计质量和盈余持续性均可以显著地降低我国证券市场的交易成本，其中盈余持续性的影响更为明显。此外，该研究也发现盈余质量在降低我国证券市场的交易成本中发挥的作用要远高于美国。王亮亮（2013）的研究发现，企业管理者通过人为干预企业的销售、生产和酌量性费用来进行真实盈余管理的行为，均会显著地提高企业的权益资本成本。巴斯等（Barth et al.，2013）的研究发现，企业的盈余透明度越高，企业的资本成本就越低，即使控制了其他影响企业资本成本的相关因素，企业盈余透明度对资本成本的负向影响依旧不变。朱松（2013）发现，我国上市公司的会计信息质量已经成为债券市场投资者投资决策的重要依据。具体来说，企业的会计信息质量越高，评级机构给予企业的信用评级就越高，同时债券投资者向企业索取的债券成本就会越低。

1.3.2.2 会计信息质量对治理影响的研究

现代公司治理理论根植于代理理论，而企业对管理者的薪酬设计与雇佣制度是加强管理者和投资者利益一致性的重要路径。詹森和墨菲（Jensen and Murphy，1990a）指出，与支付管理者薪酬数量相比，支付管理者薪酬的方式对缓解代理冲突更有效，并认为薪酬与业绩的敏感度是衡量管理者薪酬制度有效性的重要指标。詹森和墨菲（1990b）在另外一篇文章中探究了美国企业薪酬与业绩敏感度，并认为美国企业的薪酬制度很难给管理者提供充足的激励，从而降低代理问题。阿加沃尔和塞姆维克（Aggarwal and Samwick，1999）拓展了詹森和墨菲（1990a，1990b）的研究，该研究的实证检验结果表明，企业的业绩方差越大，企业高管薪酬与业绩的敏感性就越低。墨菲（Murphy，1999）的研究表明，其样本中绝大部分企业均根据会计信息来决定支付给管理者的薪酬，这些会计信息包括以美元为单位计量的利润和以每股股票为单位计量的利润。由此可知，较高的会计信息质量对设计管理者薪酬方案至关重要。杜兴强和王丽华（2007）认为，会计盈余指标是我国企业决定管理当局薪酬的重要指标，会计盈余指标对管理者薪酬的影响要超过股东财富指标，由此可知，较低的会计信息质量会降低管理者薪酬激励的有效性。蒋涛等（2014）通过分别计算上市公司营业收入和净收入经总资产调整后的绝对值差异、方差差异，以及线上收入、线下利润、总资产收益率和资产收益率的方差差异，度量会计业绩信息异质性，表明较高的会计业绩信息异质性会降低管理者薪酬对业绩的敏感度。

现有研究表明，会计信息不仅能够影响企业管理者的薪酬支付，还能够影响企业对管理者的更换决策，因而较高的会计信息质量对于管理者更换决策的有效性也至关重要。维斯巴赫（Weisbach，1988）、德丰和帕克（DeFond and Park，1999）的研究启示在于：较差的会计业绩绩效表现将会提高管理者被解雇的可能性，而企业的会计业绩越高，管理者现有职位的稳定性就相对较高，会计信息度量的企业业绩对管理者雇佣的影响要高于基于股票信息度量的企业业绩。恩格尔等（Engel et al.，2003）构建的理论模型表明，会计信息质量越高，基于会计信息度量的薪酬标准对企业管理者的更换的影响就越高，而基于市场度量的薪酬标准对管理者的更换的影响就会越低。卡普兰和明顿（Kaplan and Minton，2012）进一步区分了企业 CEO 更换的原因，并发现无论是因董事会驱逐，还是因并购或破产导致的 CEO 变更均和企业业绩有关。布什曼和史密斯（Bushman and Smith，2001）评述了 20 世纪末会计信息质量在企业管理者薪酬契约中发挥的作用的相关研究，指出了为何会计信息质量在美国企业管理者薪酬中发挥的作用不断下降是值得研究的问题，还前瞻性地提出了会计信息质量公司治理职能的两个重要发展方向：一是除了管理者的薪酬契约之外，会计信息质量如何在其他公司治理领域发挥作用；在不同的制度背景下，会计信息质量发挥的公司治理作用存在何种差异。二是会计信息质量对经济业绩是否存在影响；会计信息质量通过何种机制对经济业绩产生影响；不同制度背景下，会计信息质量对经济业绩的影响是否存在差异；不同的会计信息质量特点对经济业绩影响的差异是什么。布什曼和史密斯（Bushman and Smith，2001）不仅阐述并剖析了 20 世纪会计信息质量公司治理职能的研究，还提出了相对较完整的会计信息质量发挥公司治理职能的理论框架，该研究是会计信息质量与公司治理关系研究领域的最为重要的文章之一。

会计信息质量的治理职能除了体现在影响企业管理者的薪酬支付和管理者的更换决策方面，还体现在其他方面：哈特和摩尔（Hart and Moore，1990）提出，只有当剩余索取权和剩余控制权对称地分配给不同的非人力资源产权所有者时，企业的治理效率才能够达到帕累托最优。企业生产会计信息的过程本身就是剩余索取权和剩余控制权分配的重要组成部分，较高质量的会计信息不仅能够更精确地计量利益相关者的剩余索取权，还是利益相关者能够监察企业内部人是否对其剩余控制权进行侵占的重要手段，以及其谈判并维护自身权利的重要依据。林钟高和吴利娟（2004）认为，较高的会计信息质量通过给股东和潜在的投资者提供可靠的详细信息，可使他们对企业管理者履行职务的能力作出更客观的评价，提高他们正确地行使表决权的能力，是对企业进行监管的有力保证，是公司治理能够有效运作的必备前提。潘琰和辛清泉（2004）认为，公司治理结构本质上是利益相关者对产权博弈的结果，而较高的会计信息质量会影响该产权博弈的过程。姚文韵和崔学刚（2011）对基于会计信息的会计治理功能进行了分析和展望，该研究建立了会计治理功能的分析框架，并系统地评述了改善会计治理功能的相关研究，提出了会计治理功能研究存在的发展空间。申慧慧和吴联生（2012）的研究表明，较高的会计信息质量具备治理效应，可以降低管理者侵占企业资源的动机，提高公司资产的使用效率。该研究进一步考虑了环境不确定性和产权性质的影响，并发现，较高的环境不确定性是较高会计信息质量发挥治理作用的必要前提，并且较高的会计信息质量在非国有控股企业中的治理效应要高于国有控股企业。该研究将管理者的侵占动机、外部环境给企业管理者提供的侵占空间和可能性，纳入了会计信息治理效应的研究框架中。

1.3.2.3 会计信息对投资影响的研究

布什曼（Bushman，2001）从理论上提出了会计信息质量可对企业的投资产生影响，并提出了会计信息质量影响企业投资的三条路径：第一条路径是较高的会计信息质量可帮助信息使用者辨别出有价值的投资项目；第二条路径是较高的会计信息质量可加强公司治理，从而降低企业管理者通过投资项目选择侵占投资者利益的可能性，进而降低有价值的投资项目被放弃的可能性；第三条路径是通过降低企业内外的信息不对称，从而降低逆向选择，使资本配置到有价值的投资项目。比德尔等（Biddle et al.，2006）正式开辟了会计信息质量缓解融资约束对投资限制的研究领域。比德尔等虽然强调了针对企业技术创新研究会计信息质量相应作用的必要性，然而并未针对企业技术创新进行严格的检验。此外，比德尔等（2006）还从国家层面探讨了金融环境发展水平对会计信息质量经济后果的影响，并发现较高的信贷市场相对发展水平会降低会计信息质量缓解融资约束对投资限制的作用。麦克尼克尔斯和司徒本（McNichols and Stubben，2008）通过企业是否出现财务错报来度量企业的会计信息质量，他们发现，企业在财务错报期间，出现过度投资的概率更高，但是在财务错报期间过后，则不再过度投资。他们的研究表明，对错误会计信息的订正有助于矫正企业较低的投资效率。比德尔等（2009）基于会计信息质量降低信息不对称的理论分析，建立了会计信息质量和企业投资效率的关系，即较高的会计信息质量可降低企业过度投资程度（投资不足程度）。艾哈迈德和杜尔曼（Ahmed and Duellman，2011）认为，企业的会计谨慎性越高，则管理者事前就会越有可能放弃净现金流为负的无效投资项目，而事后则更有动机对企业的投资项目进行监管以保证现金流及时地流入企业，因此，会计谨慎性越高，企业管理者的投资决策本身以及执行过程就越有效。巴拉克瑞珊等（Balakrishan et al.，2014）认为，虽然投资不足往往是由融资约束引起的，但是以往关于会计信息质量可以降低投资不足的研究，仅能够间接说明而不能够直接说明会计信息质量能够缓解融资约束对投资的限制，鉴于此，他们通过借助外生事件冲击（如企业的抵押能力突然变差）来直接检验会计信息质量是否会减弱融资约束对投资的负向影响，从而首次直接正面证明了会计信息质量的相应作用。巴拉克瑞珊等（2015）研究了2007~2008年全球经济危机期间，会计谨慎性对企业投资的影响。由于全球经济危机的突然爆发致使许多企业资金短缺，许多企业因此投资不足，该研究发现会计谨慎性较高的企业比会计谨慎性较低的企业的投资下降的程度低，证明了会计信息谨慎性可以降低企业的投资不足程度。

鉴于新兴市场的金融市场发展水平与西方国家的金融市场发展水平有较大的差距等原因，冯等（Feng et al.，2011）以新兴市场私有企业为研究对象，发现即使是在会计信息质量价值相关性较低的金融市场环境里，会计信息质量依旧可以降低投资不足，但他们仅将研发费用投入作为整体投资的组成部分，而未针对企业技术创新进行讨论。鉴于我国新兴加转轨的制度背景，我国学者也研究了会计信息质量对投资的作用。李青原（2009）以我国沪深上市企业为研究对象，发现会计信息质量与投资过度显著负相关，同时会计信息质量也能够显著地限制企业的投资不足的低效率投资行为。刘慧龙等（2014）通过修正的Jones模型来度量应计质量，探究了决策权配置与应计质量交互作用对企业投资效率的影响，并发现在决策制定权和决策控制权两者的分离度较低的企业中，应计质量与过度投资（投资不足）程度显著负相关。李瑛和杨蕾（2014）的研究表明，较高的会计信息稳健性可降低过度投资程度，但却会加大投资不足程度。张琛和刘银国（2015）认为，当控制自由现金流的影响后，较高的会计信息稳健性对企业过度投资程度和投资不足程度均有降低的作用。

1.3.3 企业技术创新影响因素的相关研究

1.3.3.1 融资对企业技术创新影响的研究

金融与经济增长关系的研究鼻祖熊彼特（Schumpeter，1942）提出，技术创新可顺利获得必要的资本是经济实现持续增长的重要前提。纳尔逊和阿罗（Nelson and Arrow，1959）在研究中均阐释了资本支持对企业技术创新的重要性，也表达了现实中企业技术创新很难获得充足资本支持的观点。哈尔和勒纳（Hall and Lerner，2010）系统论述了融资与企业技术创新的关系，从融资的角度阐释了为何企业的技术创新总是存在投资不足的状况。肖海莲等（2014）的研究表明，较高的负债比例会降低企业技术创新的资本投入量。卢馨等（2013）研究表明，我国高新技术上市企业存在融资约束，并因此对技术创新投资不足，企业内部资本流和股票融资是我国高新技术企业的主要资本来源，充足的现金持有量能够在一定程度上缓解融资约束对企业技术创新的限制。韩剑和严兵（2013）对我国2005～2007年38万多家工业企业进行研究，发现企业技术创新融资途径主要是外部融资途径，但是我国企业的外部融资渠道有限，这严重地限制了企业技术创新的顺利进行。

基于以往多数研究得出融资约束负向影响企业技术创新的结论，一些学者致力于探索缓解企业技术创新面临的融资约束问题的方法。

解维敏和方红星（2011）提出通过促进金融市场发展，可提高投资者投资活跃程度，为企业技术创新提供更多的融资渠道，降低融资约束对企业技术创新的限制，但是地方政府的干预会降低金融市场发展程度对企业技术创新的资本投入的正向影响。麦克林等（Mclean et al.，2012）发现，完善的法治环境能够有效地保护投资者，改善企业外部融资环境，降低企业投资对企业内部现金流的依赖程度，并能够提高企业投资对增长机会的敏感度。布朗等（Brown et al.，2013）对32个国家的企业进行分析发现，完善的法治环境能够有效地保障投资者权益，促进资本市场发展，进而可保证企业技术创新拥有持续稳定的资本支持。肖（Xiao，2013）的研究表明，完善的法治环境对投资者的有效保护作用能够缓解融资约束对企业技术创新的限制。康志勇（2013）发现，虽然融资约束问题会显著地降低企业对技术创新的资本投入力度，但是政府予以企业的财政补贴能够促进这些企业的技术创新，并能够降低融资约束问题对企业技术创新资本投入的负向影响。王文华等（2013）的研究也支持政府补贴能够缓解融资约束问题对企业技术创新的限制。许蒂宁（Hyytinen et al.，2002）的研究表明，政府可以通过颁布一些政策来缓解不完美的资本市场对企业技术创新产生的融资约束限制。吴祖光等（2013）的研究表明，政府通过提供税收优惠，不仅可增加企业技术创新的资本来源，还可向市场释放企业研发成功概率相对较高、市场前景较好等积极信号，降低企业从其他外部融资途径融资的难度，间接增加企业对技术创新的资本投入。徐等（Hsu et al.，2014）利用32个发达国家和新兴国家的数据检验股票市场和债券市场对企业技术创新的影响，该研究发现，股票市场和债权市场对企业技术创新的影响是不一致的，具体来说：股票市场越发达，企业依赖外部资本程度越高且高科技行业的企业技术创新水平越高；但是发达的债券市场却会降低企业对外部资本的依赖程度。科尔纳贾（Cornaggia et al.，2015）探究了银行竞争对企业技术创新的影响，该研究表明：对于对外部资本的依赖程度较高而又缺乏从银行取得信贷资源的路径的企业来说，银行竞争可提升企业技术创新水平；银行竞争能够保证小规模创新企业获取更稳定的资本支持，从而有较高的可能性摆脱被并购的厄运。从企业自身的角度，卢馨等

(2013) 提出，企业提高现金持有量可对冲现金流短缺的风险，从而可避免企业在现金流不足且不能及时从外部融入适当成本的资本时，削减对企业技术创新的投资。

1.3.3.2 治理对企业技术创新影响的研究

米佐和戴维克（Miozzo and Dewick，2002）研究了治理和企业技术创新的关系，发现企业的股权结构、组织结构、管理结构、传播知识的内部机制以及与外界知识的传递机制均会通过影响有动机和能力将资源配置给技术创新的人员对企业战略控制的权利的大小，从而会造成企业技术创新的差异。李和奥尼尔（Lee and O'Neill，2003）通过研究美国的企业发现，股权集中度可提升企业对技术创新的投入水平，这是因为较高的股权集中度可缩小管理者和投资者之间的代理矛盾，从而加强企业管理者和投资者对企业技术创新投入的利益一致性。然而，在日本，企业的股权集中度和企业对技术创新的投入没有明显的联系，这是因为，在日本企业的管理者和投资者之间的关系更符合管家理论（stewardship theory）的解释而不是代理理论（agency theory）的解释。穆纳里等（Munari et al.，2010）认为，企业的股权结构会对企业技术创新产生显著的影响，并发现家族股权会抑制企业对技术创新的投资，在英国分散式股权企业对技术创新的投资比在欧洲大陆国家分散式股权企业对技术创新的投资更少。约翰等（John et al.，2008）从宏观的角度证明，良好的治理环境可降低企业管理层出于自利动机而放弃高风险项目的可能性，提升企业对高风险且高收益项目的投资水平。何和田（He and Tian，2013）的研究表明，分析师覆盖率越高的企业，企业的管理者的短期经营业绩压力越大，企业管理者放弃企业技术创新机会的动机越高，因而分析师覆盖率会降低企业致力于技术创新的投资意愿。徐宁（2013）的研究表明，与未实施高管股权激励的企业相比，实施了高管股权激励的企业对技术创新的资本投入水平更高。方等（Fang et al.，2014）发现，企业股票流动性的提高，会降低企业未来的技术创新水平。该研究探究了股票流动性对企业技术创新产生负向影响的两条路径：一条路径是，较高股票流动性会提高企业被恶意收购的风险，从而会迫使企业管理者放弃收益回收期较长的企业技术创新的相关项目；另一条路径是，股票流动性会通过提高投机性质的机构投资者的持股数量来提高管理者的短期经营压力，从而被迫降低企业的技术创新水平。

1.3.3.3 投资对企业技术创新影响的研究

现有关于投资对企业技术创新影响的研究并不多见，但基本上得出了较低的投资效率会降低企业技术创新水平的一致结论。

资本在企业不同投资项目之间的分配是企业内部资本市场配置的重要功能之一。克莱恩（Klein，2011）的研究表明，企业内部资本市场的低效率配置会导致企业对技术创新项目的资本错配，并且通常会导致企业削减对技术创新的资本投入。夏力（2013）的研究表明，存在政治联系的民营企业更易存在对固定资产过度投资的低效率投资问题，而对固定资产的过度投资，会造成企业资本的浪费，从而会导致用于企业技术创新的资本的减少。吴炳德（2014）认为，家族企业存在提升企业短期产能的防御性经营行为，而当家族企业存在被动性的产能过剩的低效率投资状况时，与非家族企业相比，家族企业会进一步降低对企业技术创新的资本投入。袁建国等（2015）认为，过度投资至少会从两个方面抑制企业技术创新：一方面，过度投资会扭曲企业整体的投资结构，企业会因其他投资项目占用企业技术创新的资本，而导致企业技术创新水平低下。另一方面，企业所有的投资项目均会占用企业管理者的注意力，当企业存在过度投资的现象时，企业冗余的低效率投资项目会占用过多的企业管理者的注意力，而企业管理者的注意力是有限的，因此，过度投资势必会导致企业管理者对企业技术创新的关注不足，进而导致企业技术创新乏力。

1.3.4 企业技术创新价值效应及其影响因素的相关研究

1.3.4.1 企业技术创新价值效应的相关研究

从企业角度看，企业技术创新的价值效应主要体现在企业技术创新对企业生产价值、财务价值和市场价值的影响。

（1）企业技术创新对生产价值影响的相关研究。索洛（Solow，1957）基于道格拉斯生产函数，将技术创新因素纳入其中，并提出了外生增长理论。该理论将技术创新视为外生变量，认为技术创新有助于克服由资本积累导致的边际报酬递减规律的限制，从而有助于克服生产价值不能持续增长的限制，进而实现企业生产函数向上移动，终而提高企业的生产价值。该研究还进一步将此理论应用到美国1909~1949年的实际情况中，该研究发现，对于单位劳动力的产出来说，技术创新对其提升的贡献率为87.5%，而资本投入对其提升的贡献率仅为12.5%。索洛（1957）的研究表明，技术创新是经济增长的重要动力，对以后相关研究产生了深远的影响并奠定了研究基础。罗默（Romer，1986）认为，企业技术创新是边际生产率递增的生产要素，将企业技术创新视为企业生产过程中的中间产品，从而开创了内生性增长理论。格里利兹（Griliches，1980）通过计算企业技术创新资金投入的产出弹性的方式来判断企业技术创新对企业生产价值的影响，该研究发现，企业技术创新的生产弹性为0.07。金和罗伯森（King and Robson，1993）也支持内生增长理论，他们认为，在资本积累的过程中隐含着人们研发的技术创新行为，因此，技术创新等要素能够被内生化。此时，企业技术创新可以提高自身以及其他要素的生产效率，克服传统经济模型中资本边际报酬递减规律的限制，提升企业生产效率及其生产价值。阿尔钦和豪伊特（Aghion and Howitt，1992）从知识传播的角度阐释了如何通过技术创新来实现生产价值的增长。琼斯（1995）也是内生增长理论的重要研究者之一，与罗默（Romer，1986）的研究不同，琼斯（1995）认为，知识存量对技术创新的边际生产率小于一，这也是两者研究的重要区别。严成樑等（2010）的研究表明，对于我国经济的实际情况来说，琼斯（1995）的生产函数更加适用。胡等（Hu et al.，2003）和杰弗森等（Jefferson et al.，2006）均以中国企业为研究样本，通过柯布-道格拉斯生产函数估算了企业技术创新投入的产出弹性，发现中国企业自主创新对企业生产价值的影响显著为正。吴延兵（2008）采用我国工业企业的数据，研究发现企业技术创新对企业的生产价值有提升作用，并且该作用会受到企业的规模、产权性质等多方面因素的影响。贺什马迪和金（Heshmati and Kim，2011）研究了韩国上市企业技术创新资金投入和生产价值之间的关系，该研究发现，在 20 世纪末的亚洲金融危机期间，韩国上市企业明显降低了对企业技术创新相关项目的投资水平，揭示了亚洲金融危机韩国上市企业生产价值降低的原因。唐静等（2014）基于内生增长理论，估算了我国各地区对技术创新最优投入强度，该研究发现，技术创新对各地区生产总值的经济贡献要高于资本投资，我国各地区对技术创新的投入尚未达到最优值，因此，有必要加强各地区对技术创新的投入强度，以提升技术创新对各地区生产总值的积极影响。杨勇和袁卓（2014）认为，企业的技术创新投入能够促进企业生产价值的提升，该提升作用在高新技术行业要明显高于非高新技术行业。

（2）企业技术创新对财务价值影响的相关研究。谢等（Hsieh et al.，2003）发现，企业技术创新能够给企业带来较高的收益，并且企业技术创新对企业收益的影响要高于资本投入对企业收益的影响。杰弗森（Jefferson，2006）的研究表明，企业对技术创新的资金投入能够显著地提升企业的利润水平，并且企业技术创新投资对利润的边际贡献要远高于固定资产投资对利润的边际贡献，具体来说，前者为后者的 3 ~4 倍。徐欣和唐清泉（2010）考察了我国企业技术创新对盈利水平的影响，该研究发现，企业的专利和盈利水平显著正相关，但是企业不同类型的专利对盈利水平的影响存在差异，其中发明专利对企业盈利水平的影响最高，而外观设计专利和实用新型专利对企业盈利水平的影响较低。汤二子等（2012）认为，虽然以往的研究证明了企业技术创新对盈利水平的积极影响，但是却少有研究揭示技术创新影响企业盈利水平的机制。该研究从异质性生产率的角度进行分析并发现，企业对技术创新的资金投入能够显著地提升企业的盈利水平；企业技术创新可对生产率发挥积极影响，是企业技术创新能够提高企业利润规模和利润率的重要原因。

（3）企业技术创新对市场价值影响的相关研究。格里利兹（Griliches，1981）以 157 家美国企业为研究样本，发现企业每对技术创新多投入 1 美元，企业的市场价值将增值 2 美元；企业每多申请一个专利，企业的市场价值将增加 20 万美元。该研究为企业的技术创新能够提升企业的市场价值提供了有力的实证检验证据。哈尔（Hall，1993）的研究表明，企业技术创新对市场价值产生积极影响程度会随着时间的推移而发生较大幅度的变化，如 20 世纪 70 年代，企业技术创新对市场价值的影响是企业广告费用对市场价值影响的 10 倍，然而在 1988～1990 年间两者对市场价值的影响却基本对等。杜卡斯和思维泽（Doukas and Switzer，1992）的研究表明，企业关于技术创新投入的公告对企业市场价值的影响会受到市场结构的限制。具体来说，卖方市场集中度越高，企业技术创新资本投入的公告对企业的股票回报的提升作用越明显，然而当市场卖方集中度较低时，企业技术创新投入的公告则会降低企业的股票回报。企业技术创新投入强度对企业市场价值的影响均显著为正，因此，应该将企业与技术创新相关的研究与开发费用资本化而不是将其直接记为费用（Hirschey and Weygandt，1985）。企业对技术创新的资本投入有助于投资者对企业未来的现金流的规模和波动形成恰当的预期，并且企业对技术创新的资本投入越多则其对企业未来现金流的正向越大，因此，企业对技术创新的资本投入水平越高，企业的市场价值越高（Chauvin and Hirschey，1993）。森德拉姆（Sundaram，1996）的研究表明，当企业对外宣告其提升对企业技术创新的资本投入时，企业的股票价格会上涨。博斯沃斯和罗杰斯（Bosworth and Rogers，2001）发现，企业技术创新的资本投入和成果均可对澳大利亚大型企业的市场价值产生显著的正向影响，但是该影响要低于国际标准。布鲁姆和里宁（Bloom and Reenen，2002）以 200 家英国的大型企业为研究样本，发现企业的专利能够提升企业的市场价值，并且相对于生产价值来说，专利能够更快地提升企业的市场价值。有研究从企业横向并购的角度来探究企业技术创新与企业市场价值的关系，发现当被并购企业的技术创新投入强度较高时，收购公司会支付更高的价格（Sonenshine，2010）。徐欣和唐清泉（2010）考察了我国企业技术创新对企业价值的影响，该研究表明，虽然企业的申请专利数量和企业价值正相关，但目前我国市场不能有效地识别不同质量的专利。陈修德等（2011）以 2005～2007 年连续 3 年均披露了研究与开发费用的上市公司为研究对象，基于 Q 值均一假设和 Q 值非均一假设进行考察，结果发现，企业的技术创新对企业的市场价值有显著正向关系。赫舒拉发等（Hirshleifer et al.，2013）发现，技术创新程度高的企业往往拥有更高的同期市场估值，较高的未来营运表现、未来市场估值和股票回报。

1.3.4.2 企业技术创新价值效应影响因素的相关研究

于君博和舒志彪（2007）针对中小企业的调查研究表明，企业规模越大，则企业技术创新对企业推出新型产品数量的影响越高，即企业规模可正向影响企业技术创新的生产价值效应。该研究从生产价值的角度表明，企业规模是企业价值效应的重要影响因素。赫舒拉发等（2013）基于投资者有限注意理论发现，投资者有限注意会削弱市场对企业技术创新的反应程度，从而会降低企业技术创新的价值效应，并进一步提出，若资本市场未给予企业技术创新程度高的企业较高的估价，则资本市场会在技术创新程度高和技术创新程度低的企业之间出现潜在的资本错配问题，因此，投资者应该给企业技术创新更多的关注度并将企业技术创新作为企业价值估值的重要输入变量。该研究从市场价值的角度表明，投资者有限注意是企业价值效应的重要影响因素。科恩等（Cohen et al.，2013）认为，企业技术创新能力应该是能够被预测的，较高的研发成功率可提升企业技术创新的市场价值效应，然而现实中的股票市场在对企业未来的技术创新估值时，却会忽视企业过去的研发成功率。该研究从市场价值的角度表明，企业过去的研发成功率是企业价值效应的重要影响因素。而对于跨国企业来说，若其子公司或者附属机构位于发达的资本市场，或者位于产权保护程度较高的资本市场，那么跨国企业的技术创新将会被给予更高的市场估价（Gao and Chou，2015）。该研究从市场价值的角度证明了，经济发展水平和专利保护强度均是企业技术创新的价值效应的重要影响因素。有研究发现，对于治理水平较高的企业来说，其对技术创新的投入强度会对其股票回报产生正向影响，而对于治理水平较低的企业来说，其对技术创新的投入强度对其股票回报的影响则不显著（Chan et al.，2015），该研究从市场价值的角度证明了治理水平是企业技术创新的价值效应的重要影响因素。

1.3.5 研究现状评述

综合以上相关研究发现，现有研究从企业技术创新角度细化会计信息质量对企业投资决策的影响的研究较少；现有相关研究较少探讨会计信息质量对企业技术创新影响的制度环境依存特征；现有研究也尚未深入探讨会计信息质量是通过何种路径对企业技术创新发挥经济影响；现有研究较少探讨会计信息质量是否会最终影响企业技术创新转化为企业价值的效率。

（1）现有研究大多考察的是会计信息质量对企业整体投资的影响，然而从企业技术创新的角度，细化并深入探究会计信息质量对企业内部投资影响的研究较罕见。由于企业技术创新与企业其他投资在对信息不对称的敏感度、资本的需求度、资本回收期、风险性和抵押价值等多个方面均存在显著的差异，会计信息质量对整体投资效率的作用规律未必适用于企业技术创新。因此，有必要将企业技术创新与其他投资分离出来，专门考察会计信息质量“是否”会对企业技术创新产生影响。这不仅能够完善会计信息质量经济后果的研究，也能够丰富对企业技术创新影响因素的认识。

（2）现有研究对会计信息质量影响企业技术创新的路径研究不多，无法回答会计信息质量“如何”影响企业技术创新，即会计信息质量影响企业技术创新的传导路径和机理是什么。尽管经过文献梳理可发现，一方面，以往研究表明，会计信息质量能够影响融资、治理和投资等方面；另一方面，以往研究表明，融资、治理和投资等方面均会对企业技术创新产生影响，从而可“推测”会计信息质量可通过影响融资、治理和投资来对企业技术创新发挥经济影响，但是这并不能够“可靠”和“系统”地证明融资、治理和投资是会计信息质量对企业技术创新发挥的经济影响的路径。因此，有必要将会计信息质量影响企业技术创新的路径进行系统的理论分析，将会计信息质量影响企业技术创新的传导路径纳入研究框架中，以深入夯实理论基础。

（3）现有研究关于会计信息质量对企业技术创新影响的制度环境的研究较少，无法回答会计信息质量“何时”影响企业技术创新。会计信息质量发挥经济作用内生于并受限于企业所处的制度环境，不同的制度环境很可能会导致会计信息质量对企业技术创新产生不同的经济影响。因此，有必要探究不同外部制度环境下会计信息质量对企业技术创新影响的差异，阐明会计信息质量对企业技术创新影响的制度依存特征，从而有助于形成对会计信息质量影响企业技术创新的全面认识。

（4）现有研究较少探究会计信息质量对企业技术创新价值效应的影响。

从企业的角度看，企业技术创新与其他投资的本质区别为，企业技术创新与其他投资对企业价值的贡献显著不同。研究会计信息质量在企业技术创新创造企业生产价值、财务价值和市场价值中发挥的作用，可从更本质的层次剖析出会计信息质量对企业技术创新效果的影响。尽管以往的相关研究给本书的研究带来了有益的参考，但仍存在以下研究空间：一是以往研究大多仅从单方面的企业价值研究企业技术创新的价值效应，同时从企业的生产价值、财务价值和市场价值三个方面探究企业技术创新价值效应的研究尚缺乏；二是目前关于企业技术创新的价值效应的影响因素的研究相对较少，并缺乏从会计信息质量角度进行的相应研究。由于信息摩擦是阻碍企业技术创新转化为企业价值最重要的因素之一（Gao and Chou，2015；肇启伟等，2015），且会计信息是企业降低信息摩擦的关键机制，因此，有必要验证会计信息质量是否能够对企业技术创新的价值效应产生影响。

1.4 研究内容与结构安排

1.4.1 研究内容

在对国内外研究现状进行评述的基础上，针对会计信息质量与企业技术创新相关研究的局限性和尚存的研究空间，本书展开的具体研究内容如下。

1.4.1.1 会计信息质量影响企业技术创新的理论研究

该部分对会计信息质量和企业技术创新的概念和内涵进行分析与界定，基于信息不对称理论、投资者保护理论、代理理论、契约理论，探究会计信息质量与企业技术创新的内在联系，构建会计信息质量影响企业技术创新的理论研究基础和理论分析框架。

1.4.1.2 会计信息质量对企业技术创新影响的程度研究

该部分研究内容解决的是会计信息质量“是否”能够影响企业技术创新

的问题。基于会计信息质量影响企业技术创新的理论分析框架，实证检验会计信息质量与企业技术创新的关系。

1.4.1.3 会计信息质量影响企业技术创新的传导路径研究

该部分研究内容解决的是会计信息质量“如何”对企业技术创新发挥作用的问题。以会计信息质量影响企业技术创新的理论分析框架为基础，梳理会计信息质量影响企业技术创新的传导路径，构建出融资路径、治理路径和投资路径三种传导路径下会计信息质量影响企业技术创新的模型并进行检验。

1.4.1.4 会计信息质量对企业技术创新影响的制度依存性研究

该部分研究内容解决的是会计信息质量“何时”能够对企业技术创新发挥作用的问题。从法治环境、金融市场环境、政府干预环境三个制度环境的维度，探讨不同制度环境的情景条件下会计信息质量影响企业技术创新的差异，提出关于会计信息影响企业技术创新的制度依存特征的研究假设，构建不同法治环境、金融市场环境、政府干预环境等制度背景下会计信息质量对企业技术创新影响的度量模型。以此机理和模型为基础，对研究假设检验，考察制度环境中会计信息质量对企业技术创新发挥经济作用的影响。

1.4.1.5 研究会计信息质量对企业技术创新价值效应的影响

该部分研究是从企业价值层面探讨深入并拓展会计信息质量对企业技术创新效果的影响。具体来说，从生产价值、财务价值和市场价值三个维度考察企业技术创新对企业价值的影响，在此基础上，考察会计信息质量对企业技术创新价值效应发挥的影响。

1.4.2 结构安排

针对上述研究内容，本书的结构安排如下。

第1章是绪论。首先，阐述了本书选题的理论和实践背景、研究目的、理论和实践意义。其次，对国内外与本书主题相关的文献进行综述，总结现有相关文献的主要局限及尚留的研究空间，提出本书拟解决的关键问题。最后，确定本书的研究内容、研究方法、研究结构安排以及本书的技术路线。

第 2 章是会计信息质量影响企业技术创新的理论分析。通过文献研究及评述、理论演绎与归纳，对会计信息质量和企业技术创新的概念进行界定，对会计信息质量影响企业技术创新的理论展开分析，构建出会计信息质量影响企业技术创新的理论分析框架，揭示会计信息质量影响企业技术创新的内在机理。

第 3 章是会计信息质量对企业技术创新影响的模型研究及程度检验。构建会计信息质量影响企业技术创新的数理模型，通过 Matlab 模拟分析，并通过 Tobit 回归分析方法实证检验会计信息质量对企业技术创新的影响，并控制“双向因果关系”和“样本选择偏误”的内生性问题。

第 4 章是会计信息质量对企业技术创新影响路径研究。首先，基于融资约束对企业实现技术创新的限制，以及会计信息质量对企业融资条件的改善作用，探讨并验证会计信息质量通过缓解融资约束的路径对技术创新发挥作用的机理。其次，基于两类代理问题对企业技术创新的负向影响，以及会计信息质量对两类代理问题的治理作用，探讨并验证会计信息质量通过治理两类代理问题的路径对企业技术创新发挥影响的机理。最后，基于过度投资和投资不足对企业技术创新的负向影响，以及会计信息质量对企业过度投资和投资不足程度的降低作用，探究并验证会计信息质量通过提升企业投资效率的路径影响企业技术创新的机理。

第 5 章是会计信息质量对企业技术创新影响的制度环境研究。从法治环境、金融市场环境和政府干预环境三个制度环境的维度，考察会计信息质量对企业技术创新影响的制度依存性。首先，探究在不同完善程度的法治环境中，会计信息质量对企业技术创新的影响存在何种差异。其次，探讨在不同发展水平的金融市场环境中，会计信息质量对企业技术创新的影响存在何种差异。最后，考察会计信息质量对企业技术创新的影响是否会因制度环境的政府干预程度不同而异。

第 6 章是会计信息质量对企业技术创新价值效应影响的研究。从生产价值、财务价值和市场价值三个企业价值的维度，探究企业技术创新对企业价值的影响，以及会计信息质量对企业技术创新价值效应的影响。

本书的整体按照“提出问题—分析问题—解决问题”的研究思路进行研究，按“总—分”安排研究结构。本书研究内容共分为6章，逻辑结构如图1.2所示。

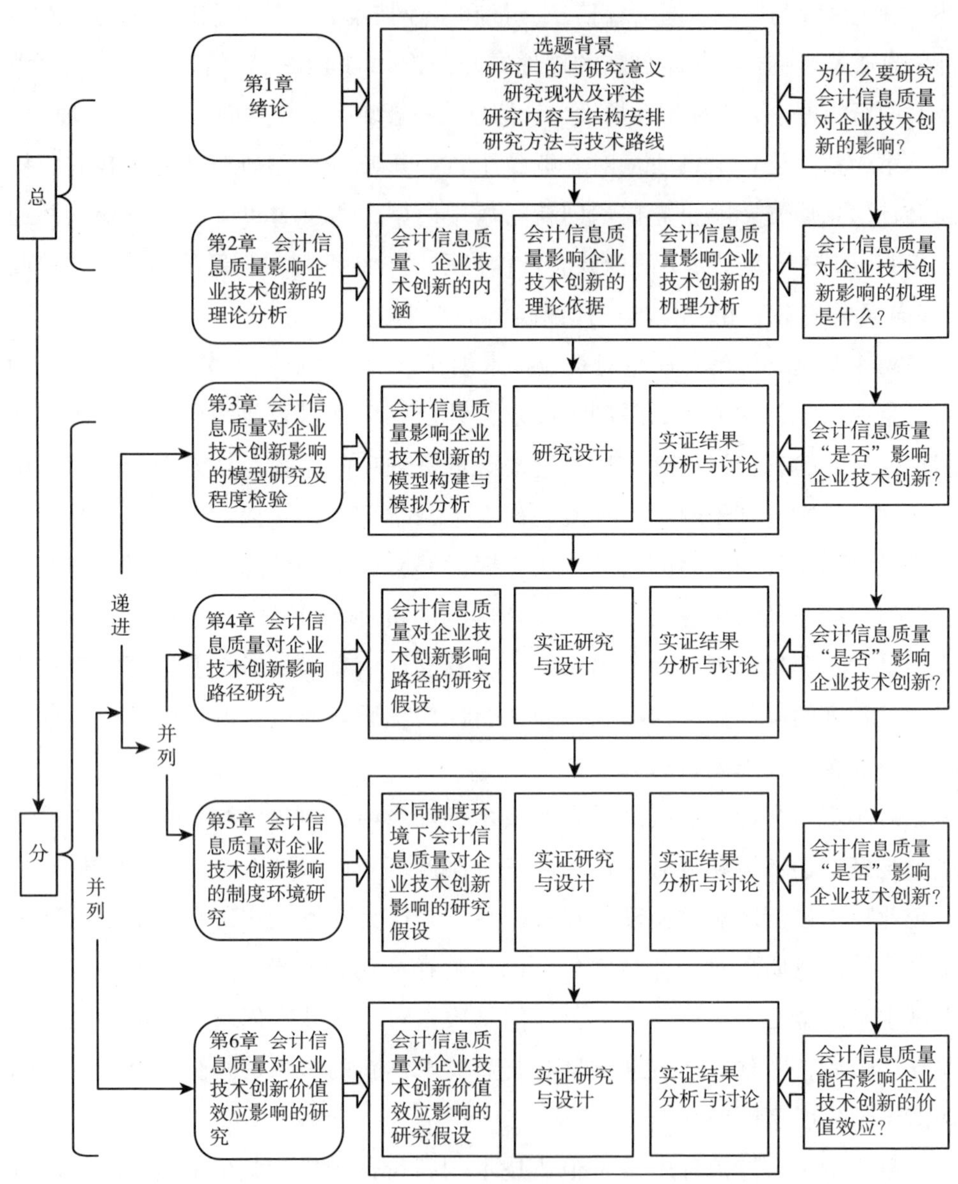

图1.2 本书的逻辑结构

1.5 研究方法与技术路线

本书的研究方法主要有以下几种。

1.5.1 文献研究和规范研究

在研究问题形成之前，通过查阅、整理和分析有关会计信息质量、企业技术创新领域的相关研究文献。采用广泛和重点搜索相结合的策略对国内顶级期刊和著名学者的文献进行收集，全面掌握会计信息质量和企业技术创新相关文献的最新研究动态，为本书研究打下扎实理论基础。以次品市场理论、信息不对称理论、道德风险理论、逆向选择理论、投资者保护理论、代理理论、契约理论、内生增长理论为基础，通过规范的演绎推理构建会计信息质量影响技术创新的理论分析框架。结合国内外研究基础，通过归纳推理和逻辑演绎推导出会计信息质量对企业技术创新影响的相关研究假设，采用逻辑演绎和归纳推理方法，对实证结果进行解释，并提出相关政策建议。

1.5.2 数理模型研究

通过博弈论分析模型、委托代理模型考察会计信息质量对企业技术创新的影响。数理模型研究不仅是对会计信息质量影响企业技术创新的理论框架研究的深度细化，也为会计信息质量对企业技术创新的实证研究夯实了理论基础。

1.5.3 实证研究

首先，围绕会计信息质量是否影响企业技术创新、会计信息质量对企业技术创新影响的传导路径，不同制度环境如何影响会计信息质量对企业技术创新的作用，会计信息质量对企业技术创新价值效应的影响，提出实证研究假设；其次，收集并整理所需的数据，主要从锐思数据库（RESSET）、国泰安数据库（CSMAR）、各大财经网站、国家知识产权网站、上市公司财务报告收集数据；再次，针对本书研究的科学问题设计实证模型，根据以往相关研究构建研究变量并设计实证模型；最后，进行实证数据分析，如运用描述性统计分析、相关性分析、分组检验、Tobit 回归分析方法、滞后变量、调节效应回归法、中介效应回归法验证理论分析所得的机理模型和假设。

1.5.4 比较研究

一方面，比较不同会计信息质量情况下，企业技术创新水平的高低；另一方面，比较不同法治环境完善程度、不同金融市场发展水平和不同政府干预程度的制度环境中，会计信息质量对企业技术创新影响程度的差异。

1.5.5 仿真研究

将会计信息质量和企业技术创新的委托代理模型，采用 Matlab 软件进行仿真研究，用图像直观表达会计信息质量的变化对企业技术创新产生的影响。

本书的技术路线如图 1.3 所示。

第一，对本书研究相关文献梳理与评述，提出拟探究的关键科学问题；在界定会计信息质量概念与企业技术创新概念的基础上，以信息不对称理论、道德风险理论、逆向选择理论、代理理论、契约理论、内生增长理论等为理论工具和理论支撑，运用规范研究法对会计信息质量与企业技术创新的内涵进行分析与界定，并在此基础上构建会计信息质量影响企业技术创新的理论分析框架。

第二，会计信息质量影响企业技术创新的理论分析框架进行构建的基础上，开展会计信息质量对企业技术创新的存在性研究，从而为后面的研究奠定了研究前提。主要运用描述性统计分析、分组分析法、Tobit 回归分析方法、

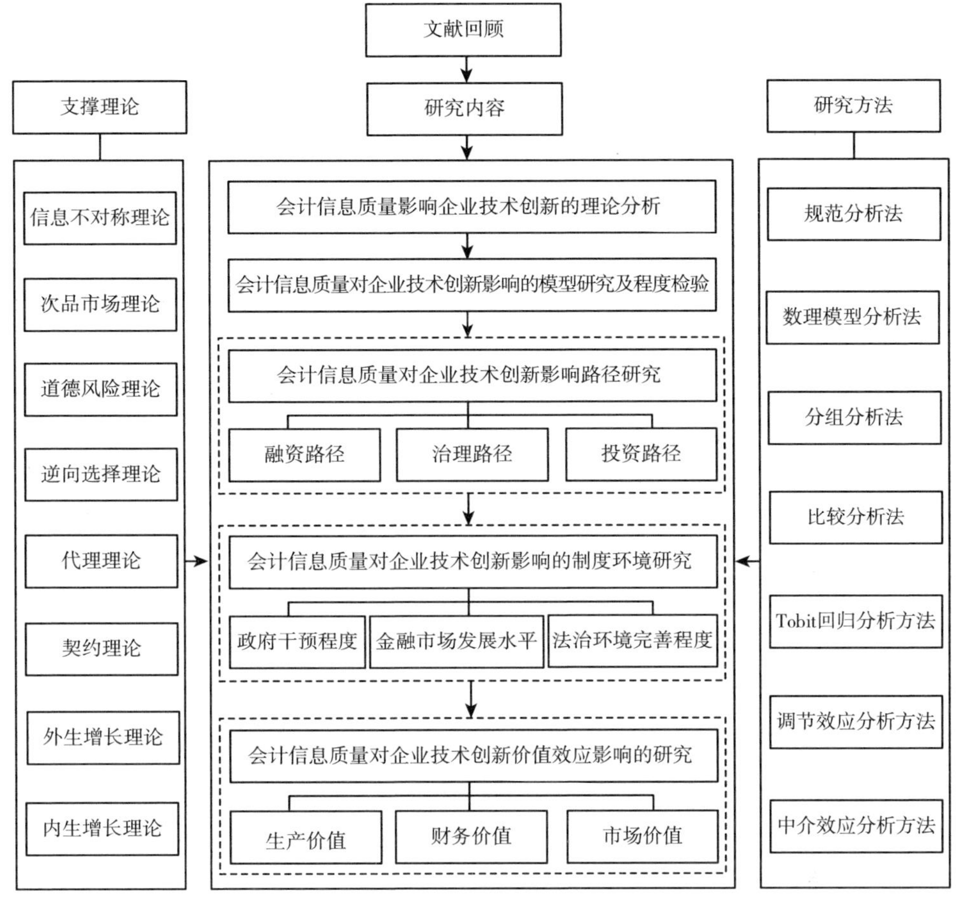

图 1.3　本书的技术路线

滞后变量等方法对研究假设进行检验。

第三，在理论分析框架和存在性研究的基础上，探究会计信息质量影响企业技术创新的传导路径，分析会计信息质量通过融资路径、治理路径和投资路径作用于技术创新的作用机理、提出研究假设并通过分组分析法、中介效应分析方法、Tobit 回归分析方法对研究假设进行检验。

第四，在理论分析框架和存在性研究的基础上，探究法治环境完善程度、金融市场发展水平和政府干预程度等宏观制度背景对会计信息质量促进企业技术创新影响的机理并提出研究假设，并通过分组分析法、Tobit 回归分析方法和比较分析法对研究假设进行检验。

第五，分别从生产价值、财务价值和市场价值探究会计信息质量对技术创新价值效应的影响。基于道格拉斯生产函数，通过理论分析和 Tobit 回归分析方法来考察会计信息质量如何影响企业技术创新转化为企业的生产价值。基于企业的盈利水平和股票价格，通过理论分析和调节效应分析方法结合的方式来考察会计信息质量如何影响企业技术创新转化为企业的财务价值和市场价值。

第2章
会计信息质量影响企业技术创新的理论分析

2.1 会计信息质量、企业技术创新的内涵

信息本质上是一种消除随机不确定性的机制（Shannon and Weaver，1949）。信息不是反映事物本身，而是反映事物、事物之间的运动状态与变化的差异（Longo，1975）。信息的最基本层次可分为本体论层次和认识论层次（Shannon，1949）。其中，本体论层次的信息是基于客观事物自身规律的信息，反映了事物、事物之间的运动状态与变化。认识论层次的是客观事物自身规律的信息在经过主观认知处理后的信息。信息是以本体论层次展现，但是需要通过认识论层次发挥作用。葛家澍等（2013）概括出了信息的功能：描述事物的特征、反映事物的差异和说明事物差异的变动。

国际标准化组织（International Organization for Standardization）在ISO9000：20003.1.1中将质量定义为一组固有特性满足要求的程度。其中：（1）质量的载体可为有形的产品，也可为无形的服务。（2）质量的核心是“满足要求”，质量的载体需要“满足”承诺要达到的“要求”，还需要“满足”未承诺但隐含要达到的“要求”，“要求”会因质量的需求者不同而异，

质量的载体对质量需求者“要求”的“满足”程度越高，质量越高。（3）质量的载体“特性”是“满足要求”的可测量的外在表征。“一组固有特性”强调了该质量载体的“特性”是稳定的且专有的，即在一定的时间或空间变换后仍存在的“特性”，并且能够将该载体与其他性质的载体进行区分的“特性”。（4）质量有绝对质量和相对质量之分。绝对质量是对质量的载体“固有特性满足要求的程度”的直接判断，相对质量是经比较后对质量的载体“固有特性满足要求的程度”作出的间接判断。

国际标准化组织基于“满足要求”来定义质量，因此，其对质量的定义符合“适用性质量观”，这是一种经济性的标准。关于质量“适用性观点”定义的研究还有产品在使用期间能满足使用者要求的程度（Juran，1988）。当然，关于质量的理解还存在许多其他的观点。其中比较著名的，如克罗斯比（Crosby，1979）认为，符合标准是判断质量的标准，这支持“符合性质量观”。“客观性质量观”的支持者兰卡斯特（Lancaster，2010）则强调了质量有形的、客观的特征。费根鲍姆（Feigenbaum，1983）则表示，质量是顾客使用后期望的满意程度，他的观点更符合“主观性质量观”。这些观点虽然各有侧重点，但也存在密切的联系。例如，若“标准”为是否“满足需求”，那么“符合性质量观”就与“适用性观点”更加统一；若按照“适用性观点”定义的质量水平越高，那么通常“主观性质量观”定义的质量水平也会越高。

2.1.1 会计信息质量内涵的分析与界定

会计信息是企业会计系统提供的“产品”，因此，存在“质量”属性。按照“符合性质量观”来定义，会计信息质量是指会计信息符合会计制度规定的程度。然而，会计制度无法详尽列举对企业会计信息的所有规定，而且满足会计制度的标准并不是企业提供会计信息的根本目的。根据“客观性质量观”可知，会计信息质量是指客观上会计信息反映企业经营情况和资产状况的准确程度和详细程度。但是，不断地提高会计信息的准确程度和详细程度会提升企业的相应的成本，最终会计信息给使用者带来的收益可能会小于其成本，从而使会计信息失去存在的意义。由“主观性质量观”可得，会计信息质量是指会计信息使用者在利用会计信息之后的主观感受。然而会计信息使用者的主观感受具有较高的抽象性，难以度量（盛金，2014）。根据“适用性质量观”，会计信息质量可被定义为，会计信息满足会计信息使用者需求的程度。会计信息就是基于企业经营管理的需求而产生，基于企业利益相关者对企业内部信息的需求而发展，因此，“满足会计信息使用者需求”是产生和提供会计信息的根本目的；“满足会计信息使用者需求”的前提假设就是，会计信息给信息使用者带来的收益要大于成本。基于前述分析，“适用性质量观”相对来说，更适用于对会计信息质量的定义，该质量观也被会计信息领域的学者普遍接受（Littleton，1953；会计信息质量特征研究课题组，2006）。葛家澍（2012）的研究支持了通过“适用性质量观”来定义会计信息质量的观点。葛家澍（2012）认为，会计信息必须要被使用者使用方可体现价值。而会计信息需要“满足”承诺会计信息使用者要达到的“要求”，还需要“满足”未承诺但隐含要达到的“要求”。

鉴于以上分析，本书将会计信息质量界定为：会计信息满足会计信息使用者需求的特征总和（盛金，2014）。该定义中的“会计信息使用者”“会计信息”“特征总和”的具体界定如下。

首先，本书将“会计信息使用者”界定为企业外部的会计信息使用者，包括企业的投资者、债权人以及其他企业外部的利益相关者。本书中的“会计信息使用者”不包括企业内部的会计信息使用者，例如：企业的管理者。

其次，鉴于本书对“会计信息使用者”的界定，本书将“会计信息”界定为：企业向外部会计信息使用者传达的会计信息，本书所指的“会计信息”是一种公众信息，财务报表是反映企业的财务状况和经营成果的最关键的会计信息载体。本书中的“会计信息”不包括企业对内部会计信息使用者的会计信息，因而向企业内部提供的用于强化内部管理、提高经营效率的会计信息不属于本书的研究范围。

最后，本书将会计信息质量概念中的“特征总和”界定为，以可靠性为核心的特征并以其他特征为辅助特体的体系，这基于以下考虑：（1）根据现实中会计准则的规定和学术研究的探讨，用于表示会计信息满足会计信息使用者需求的特征至少可包括可靠性、相关性、谨慎性、及时性、可比性、实质重于形式、重要性和可理解性等方面。鉴于会计信息存在前述多维特征，通过单一的特征属性来阐释会计信息质量是不全面的，因此，有必要通过综合指标来表示企业的会计信息特征。值得注意的是，上述特征中可靠性和相关性是核心特征，并且其他特征可以包括在这两种特征中。（2）前述的可靠性和相关性特征之间存在矛盾，过于强调可靠性需要以降低相关性为代价，过于强调相关性则必然有损可靠性。因此，界定会计信息质量需在可靠性和相关性中作出选择，即更倾向可靠性或更倾向相关性。可靠性强调的是会计信息应以实际发生的交易或事项为依据，相关性强调的是会计信息必须为决策者作出有效的经济决策服务。若会计信息的可靠性较差，可信性较低，会计信息使用者依旧会因对会计信息的不具备信任而无法使用会计信息，可见，脱离了可靠性，只强调相关性则会使企业提供的会计信息失去价值；会计信息使用者使用会计信息的最终目的是获取相关收益，会计信息的可靠性是对会计信息者获取收益的权利的保障，特别是在投资者保护程度较差的环境里，更应该强调会计信息的可靠性（魏明海等，2007）。此外，本书将会计信息的载体定义为企业对外提供的财务报表，在报表编制层次，可靠性比相关性更重要（葛家澍和占美松，2007）。综前所述，虽然界定企业会计信息质量需要兼顾会计信息的多维特征，但是本书支持并采用“应将会计信息的可靠性放在首位”的观点。

2.1.2 企业技术创新内涵的分析与界定

经济领域中探究创新的鼻祖熊彼特认为，创新指建立一种新的生产形式，即将生产要素和生产条件的新组合纳入生产体系中。从物质层面来讲，创新是经济增长的驱动力；从精神层面来讲，创新是一种企业家精神。创新的形式包括产品创新、生产方法创新、市场创新、原材料供给来源创新和组织形式创新（熊彼特，2009）。

柳卸林（2014）认为，要理解熊彼特创新理念，就务必注意“第一次”，因为第一次建立新的生产形式是创新，即使第二次也只能算是模仿。基于熊彼特和柳卸林的观点可知，无论创新形式如何，创新均是指从无到有的过程，创新的结果是产生之前未存在的东西。

基于熊彼特的创新理念，学者强化了含有技术属性的创新形式，提出了“技术创新”的理念。由于技术进步和技术创新共同的因素为技术，技术进步的内涵可为理解技术创新提供参考（柳卸林，2014）。技术进步是在资源总量不变时，某种知识使产品量增加或产品质量提升的表现（Rosenberg，1982）。可见，与技术进步最紧密的创新形式是产品创新和生产方法创新，而推动这些创新的因素是“某种知识”。因此，本书研究的技术创新范围为产品创新和生产创新，技术创新的内容为驱使产品创新以及生产创新的相关知识。

从经济角度研究技术创新，应强调技术创新为多种技术性创新形式的首次商业性转化（Freeman and Soete，1997）。而从产品创新的角度来定义技术创新，则技术创新是从新产品的构思开始到销售为止的探索性活动，即强调了技术创新必须具备商业化应用内涵（Mansfield，1971）。事实上，熊彼特（2009）早在1912年就已经强调创新的意义为促进宏观经济增长乃至社会变迁，而这对于企业来说就是获取潜在的超额利润。企业是我国创新的主体，因而本书将技术创新聚焦在企业层面。企业技术创新始于企业对技术商业前景的洞察（Lynn et al.，1996），在此基础上，胡宗良（2007）提出，企业技术创新的本质是创造价值。这些研究其实是强调企业技术创新必须包含经济利益属性，而这种经济利益不仅仅包括企业生产价值的提高，还包括企业财务价值的增长和企业市场价值的提升。脱离了对企业技术创新的经济利益属性来探究企业技术创新是无意义的。在以往研究基础上，本书认为，企业技术创新存在的意义是打破现有生产规则的既定模式，提高企业价值的边际增长速度，甚至是实现企业价值的跳跃式增长。

而由于技术创新成果为知识，知识的排他性较差，无法使企业专享自身的技术创新带来的超额利润，进而无法提高企业的财务价值和市场价值，反过来会降低企业通过技术创新提高自身生产价值的积极性。因此，鉴于企业技术创新的经济属性，必须把企业技术创新创造的“知识”赋予排他性，才能够真正保证企业技术创新的商业价值为企业专享，方可保证企业技术创新对企业价值的经济贡献。而对于“知识”的保护，通常源自外在的法律手段进行强制性的保护，而企业要获取这种法律保护，就必须将自己的技术创新成果以专利的形式保存下来。

基于以上分析，本书将企业技术创新界定为，企业用于创造新产品或新生产方法的知识，这种知识通常以专利的形式保存，以提升企业价值为最终目的。

2.2 会计信息质量影响企业技术创新的理论依据

2.2.1 信息不对称理论下会计信息质量对企业技术创新的影响

信息不对称，指市场中不同主体对同一事物拥有的信息数量和质量是不同的。探究信息不对称的前提是，不同主体要基于信息进行相互交易，若不同主体不进行交易，则信息不对称就不会影响市场中资本的流动，进而不会影响资本的分配。

资本从市场流入到企业，然后从企业流入技术创新等各个投资项目的过程，表面上是资本从市场流动到技术创新过程，实质上是信息从技术创新逆向流动到市场的过程，即信息从技术创新流动到企业，然后信息再从企业流动到市场的过程，如图 2.1 所示。在此过程中，企业的管理者起到了承接的作用，一方面，管理者获取企业的技术创新机会的信息；另一方面，管理者需要把企业的技术创新机会的信息传递给投资者。企业管理者直接拥有企业技术创新的信息，而企业管理者则会考虑在自身利益的前提下结合企业技术创新的真实信息生产出“再加工”的信息，并将“再加工”的信息传递给企业的投资者。企业技术创新的信息在传递给投资者的过程中，一方面，难免会因传递机制的客观条件限制出现传递损失；另一方面，会受到管理者主观自利动机的干扰。可见，投资者拥有的关于企业技术创新的信息要低于管理者，换言之，企业投资者和管理者关于企业技术创新的信息是不对称的。而实际上，不同投资者之间的信息也是不对称的，大股东持有更多的股份，对企业的管理者的控制力度较高，更有可能通过内部渠道了解到企业技术创新有关的“私有信息”，并且大股东也更有动机了解企业技术创新等投资项目的信息。可见，大股东和小股东之间信息也是不对称的。关于企业技术创新的信息不对称的直接后果为，不同主体对企业技术创新的认知不同。关于企业技术创新的信息不对称的间接后果为，不同主体之间基于信息不对称的交易会导致市场资本配置的低效率，资本最终无法配置到技术创新等有价值的投资项目中，从而严重地阻碍企业技术创新（胡宗良，2007；Holmstrom，1989；Canepa and Stoneman，2008）。

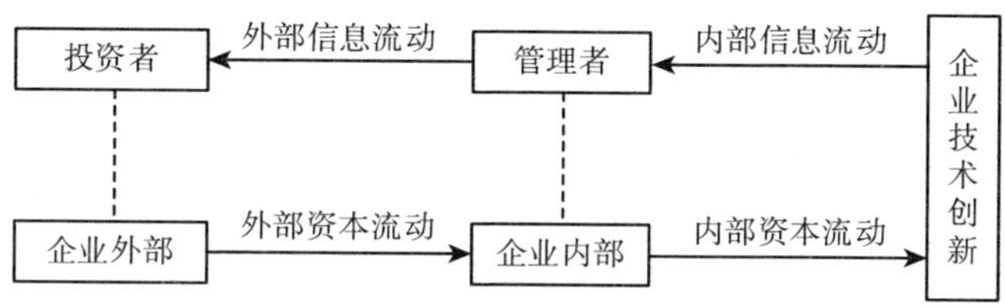

图 2.1　与企业技术创新相关的信息和资本传递

会计信息质量能够在影响信息不对称程度的基础上，进一步影响资本是否能够有效地配置到企业技术创新。这是因为：会计信息是管理者对外传递的最重要的信息，也是企业投资者、小股东了解企业内部情况的最重要的信息来源，是降低投资者和小股东信息弱势的重要途径（Dechow et al.，2010）。会计信息质量越高，管理者和投资者、大股东和小股东之间的信息不对称程度越低，此时，市场中资本配置效率较高，更有可能配置到企业技术创新等有价值的投资项目中。按照资本流入企业的前后顺序，可以把会计信息解决的信息不对称问题分为两类：第一类是资本流入企业前的信息不对称问题，即逆向选择问题，该类问题直接影响到外部资本流动的有效性；第二类是资本流入企业后的信息不对称问题，即道德风险问题，该类问题直接影响内部资本流动的有效性。这具体可表现为以下两个方面。

（1）作为会计信息的生产者和提供者，会计信息质量越低，企业就比外部投资者拥有越多关于企业技术创新机会的信息，此时，信息不对称程度较高，企业会倾向选择在投资者对企业股价高估时发行股票。信息不对称的最终后果为，拥有信息少的外部投资者按市场中所有企业的期望价格出价，此时会出现逆向选择问题，只有实际价格低于期望价格的企业才会被交易。这就导致市场效率下降，企业的外部资本无法有效配置，此时，技术创新程度较高发展前景较好的企业无法获取资本，反而可能会被驱逐出市场。

（2）当企业的会计信息质量较低，信息不对称程度较高时，投资者较难观察到企业真实的技术创新机会的信息，并且也无法验证该信息，企业管理者会根据自身的利益来决定是否以及将多少资本配置到技术创新相关项目中。企业管理者在获取资本后的重点，不是如何将资本配置到有价值的投资项目中，以实现企业价值的增长，而是如何按私人利益空间来配置资本。一旦技术创新与企业管理者的利益出现冲突，企业管理者就不会将资本投入到企业技术创新相关项目中，从而会使企业失去技术创新的机会。

由此可见，企业技术创新获取资本的过程也是一个信息传递的过程，较高的信息不对称会导致资本不能够有效地配置到技术创新中。较高的会计信息质量能够降低企业外部投资者信息劣势，一方面，能够事前降低投资者因信息劣势而无法将资本提供给技术创新机会较高的企业；另一方面，能够事后降低企业管理者凭借信息优势而放弃企业技术创新机会的可能性。

2.2.2 投资者保护理论下会计信息质量对企业技术创新的影响

从投资者保护理论的角度来看，股票伴随着股东能够获得股息的权利和决策权，而债券则伴随着债权人能够适时获取债券收益并能够适时获取公司抵押物的权利（La Porta et al.，1998）。投资者保护理论与传统 MM 理论不同，传统 MM 理论是通过现金流的形式来定义各种形式的证券（Modigliani and Miller，1958），投资者保护理论则是通过各种证券伴随的投资的权利来区分证券，并强调只有投资者的权利有可能会被保护，各种证券才能够融资成功（La Porta et al.，1998）。

投资者保护的途径有多种，较高的会计信息质量是实现投资者保护的重要途径之一（谢志华等，2014）。首先，高会计信息质量能够通过降低投资者信息劣势的方式保护投资者的权益。较高的会计信息质量能够提高投资者对企业价值估计的精度，降低投资者接受不公允交易的可能性，从而事先保护投资者的权益不被侵占；较高的会计信息质量，能够帮助投资者及时识别出企业管理者的失职行为，帮助小股东辨别出大股东掏空企业的行为，从而可压制侵犯投资者权益的行为。其次，较高的会计信息质量也为其他投资者保护机制发挥投资者保护作用提供了辅助作用。公司内部其他治理机制和公司外部治理机制保护投资者的前提是，能够获取企业侵犯投资者权利的证据，而较高的会计信息质量能够保证这种证据的及时性和可靠性等（夏冬林，2015）。

投资者保护对于企业技术创新的实现具有重要的意义。

（1）投资者保护对企业技术创新的融资有重要影响（Mclean et al.，2012）。一方面，投资者为企业提供资金的前提是投资者自身的权利能够被保障，较高的投资者保护程度可以提高投资者提供资本的意愿；另一方面，企业技术创新的实现需要大量的资本，企业仅靠自身积累很难满足技术创新的需要。现实中，我国很多企业错失技术创新的机会均是因为缺乏足够的资本支持（卢馨等，2013；韩剑和严兵，2013）。哈尔和勒纳（Hall and Lerner，2010）强调要保证企业技术创新的顺利实现，资本必须要有保障。

（2）投资者保护对企业技术创新的投资也有重要影响（Hall and Lerner，2010）。对投资者保护的程度越高，企业在融入资本后，就越可能按潜在投资项目的未来价值空间进行投资，技术创新就越可能被投资；企业在对技术创新实施投资后，更密切地关注并控制企业技术创新的投资过程中的风险，削减相关的不必要开支，从而可提高企业技术创新的投资效率。

由此可见，从投资者保护理论看，企业的资本实质上是不同投资者权益的组合，有效地保护投资者权益是企业能够顺利获得资本的前提。较高的会计信息质量可通过自身以及辅助其他投资者保护机制的方式发挥投资者保护作用，这不仅关系到投资者为企业技术创新提供资本的意愿，还能够影响企业是否会根据投资者的利益来作出企业技术创新的相关决策。

2.2.3 代理理论下会计信息质量对企业技术创新的影响

企业技术创新能否争取到充足的资本支持，在资本充足的情况下企业技术创新能否得到有效的实施，均需结合企业的管理决策机制来探究，这是因为包括企业技术创新在内的所有经营活动均依赖人来进行。因此，在探究会计信息质量对企业技术创新发挥的作用时，需要识别与企业技术创新有关的利益相关者之间的利益博弈给企业技术创新带来的影响。代理理论认为，委托人和代理人双方存在不同的利益诉求，在经济人自利原则和信息不对称同时存在时，代理人作出的决策会偏离于最大化委托人利益的决策，管理者会侵占投资者的权益，大股东会侵占小股东的权益，即存在第一类代理问题和第二类代理问题。

第一类代理问题是由现代企业制度的所有权和经营权分离导致的投资者和管理者之间的代理问题；管理者判断是否从事技术创新活动，不是基于增加投资者价值的考虑，而是基于自身利益的考虑；企业技术创新给管理者和投资者带来的价值存在差异（Holmstrom，1989；Francis and Smith，1995）。具体来说，关于企业技术创新，企业管理者和投资者至少存在以下三点利益分歧。

（1）企业技术创新无形性和异质性均较高，投资者较难评价管理者为技术创新付出的努力水平。由于企业技术创新包含诸多新技术，很难和其他普通投资项目相比，这会导致投资者在评价管理者为技术创新付出努力程度时缺少参照依据，从而会使管理者得不到资金支持或者资金支付力度不足的风险，且管理者的努力很难获得应有激励，进而削弱管理者进行企业技术创新的积极性。

（2）企业技术创新资本回收期较长，投资者较难及时评价管理者为技术创新付出的努力程度。大多数投资者会选择通过管理者的经营业绩来支付管理者的薪酬，而企业技术创新需要较长的时间才能够提升企业的经营业绩，这往往会远滞后于管理者为企业技术创新付出努力的时间，由于管理者得不到及时激励，即使企业技术创新能够增加投资者的价值，管理者依旧有较高可能放弃企业技术创新机会。

（3）企业技术创新风险较高，投资者和管理者对企业技术创新的偏好不一致。同一时间点，管理者仅能为特定的企业付出努力，无法分散的职业风险较高。一旦管理者由于对企业技术创新投资失误而造成企业经营业绩不佳甚至倒闭，管理者薪酬和职位都会面临威胁，管理者的声誉和转换工作时的竞争力也均会受到严重的负面影响；投资者却可以将资本分散投资于多家企业，采用投资组合的方式分散风险。而企业技术创新存在较高的风险，可见，管理者对技术创新的偏好要低于投资者。此外，即使企业技术创新成功，管理者也无法得到全部的报酬，这会进一步加大管理者和投资者对企业技术创新的偏好分歧。由于管理者和投资者之间关于企业技术创新存在以上三点分歧，管理者存在强烈的放弃企业技术创新机会的动机。

关于企业技术创新中大股东和小股东之间的第二类代理问题的较早研究包括金成隆和陈俞如（2005）。他们认为，大股东和小股东在企业技术创新中的利益冲突主要体现为：一方面，在控制权和现金流权分离的前提下，大股东通过直接“掏空”企业的方式收益较快，相比之下，大股东通过控制管理者进行企业技术创新，需要消耗较高的精力和较长的时间，因此，大股东会通过直接占用小股东利益的方式来获取利益，而不是用心经营企业技术创新等有价值的投资项目。值得注意的是，控制权和现金流权分离在我国大陆地区是较为普遍的现象，大股东会通过金字塔结构来增加自身的控制权，从而加大控制权和现金流权的偏离程度，此时，大股东会更有能力也更有动机通过直接剥夺企业资本的方式获取利益并侵占小股东的权益，进一步削弱大股东对企业技术创新的关注力（李大鹏和周兵，2014）。另一方面，大股东往往对企业的控制权较高，这会削弱企业董事会等监管机构的治理能力，同时管理者成为大股东的依附者而较难作出专业的经营判断，大股东就更有可能直接通过利益输送的方式转移企业资本，而不关注企业的技术创新能力。此外，吴剑峰和杨震宁（2014）对企业技术创新中大股东和小股东之间的第二类代理问题的研究表明，在控制权和现金流权分离时，大股东会更偏好在短期内获得更高的收益的“短平快”投资项目，而不是投资于短期内难以见效的企业技术创新相关项目，特别是大股东拥有较高的持股风险，与其他股东一起承担技术创新的高风险的意愿较低，因而会更倾向放弃企业技术创新机会。

会计信息质量可有效地缓解上述两类代理问题，较高的会计信息质量对代理问题的治理功能主要体现在“约束治理”和“激励治理”两个方面（谢志华，2014）。

（1）会计信息质量对第一类代理问题的“约束治理”功能体现在，可促使管理者按投资者的利益履行职责。会计信息质量越高，管理者出现逆向选择和道德风险问题被投资者和监管机构识别出的概率就越高且速度也越快，此时，为避免遭受惩罚，管理者对投资者权益的侵占程度就越低（谢志华，2014）。会计信息质量对第二类代理问题的“约束治理”功能体现在，可降低大股东侵占小股东权利的可能性和严重程度。会计信息质量越高，小股东就越可能掌握大股东侵占自身权益的法律证据，因此，大股东会因受到高质量会计信息的约束，而不会轻易侵占小股东的权益。

（2）会计信息质量的“激励治理”功能主要体现在降低第一类代理问题的方面（Bushman and Smith，2001）。企业会计业绩信息是制定管理者薪酬的重要依据，与西方国家相比，我国企业较少通过股权和期权等激励方式，就突显了会计业绩信息的重要性。蒋涛等（2014）通过对我国部分上市企业的公告进行整理发现，会计信息中存在多个评价高级管理人员薪酬的重要指标。会计信息质量越高，会计业绩信息对管理者努力工作程度的判断就越客观，对管理者的激励效果就更佳，管理者更有可能根据投资者的利益作出投资决策（Bushman and Smith，2001）。

由此可见，代理问题是影响企业技术创新的重要因素。在代理理论的观点下，管理者和大股东会为谋求自身利益而不将资金配置到技术创新相关项目中。较高的会计信息质量能够有效地治理两类代理问题，提高投资者对管理者、小股东对大股东侵占自身利益等行为的约束能力，并能够提高对管理者激励的有效性，从而降低投资者和管理者的利益分歧，并能够提高大股东和小股东利益的一致程度，进而可能会降低企业技术创新因两类代理问题而被放弃的可能性（Biddle and Hilary，2006；Chen et al.，2011）。

2.2.4 契约理论下会计信息质量对企业技术创新的影响

从契约理论来看，企业的本质是利益相关者之间缔结的契约的联结（Jensen and Meckling，1979），企业存在的意义是通过契约联结的方式降低利益相关者的交易费用（Coase，1937）。在签订契约时，缔约主体均不可能完全预计到并无法证实未来的随机事件，因而无法设计出内容完备的契约（完全契约），而只能事先设计出内容不完备的契约（不完全契约），并在缔约主体签订契约后根据发生的随机事件对事先签订的不完全契约进行修订和补充（Grossman and Hart，1986）。

无论是契约的制定还是后续补充，契约规定缔约各方的权利和义务需要以事实信息为基础，较高的会计信息质量保证了缔约主体的事项和行动的信息是较可靠的，并保证了契约的结构要素的信息依据是较可靠的，因此，较高的会计信息质量有助于推行和实施企业包含的一系列契约（森德，2000）。从企业技术创新的角度看，较高的会计信息质量对股权契约、债务契约和薪酬契约的影响体现在以下几个方面。

（1）较高的会计信息质量对“股权契约”的影响体现为：在投资者和管理者缔结的“股权契约”中，由于投资者并不参与企业实际日常运营而无法直接获取企业的实际运营信息，投资者会以反映企业经营成果的会计信息作为判断管理者履行契约程度的依据。由于投资者和管理者效用函数并不一致，会计信息质量越高，对管理者履约程度反映的越客观，就越能缓解管理者和投资者关于企业技术创新的利益冲突，加强两者利益的一致性，提高管理者投资于企业技术创新项目的积极性。在大小股东缔结的“股权契约”中，较高的会计信息质量保证了对控制权和现金流权的计量质量，避免小股东的权益被肆意侵占，使更多的资本能够留存于企业中，用于企业技术创新等有利于企业长远发展的项目。此外，由于较高的会计信息质量能够加强股权契约的有效性，保护投资者的权益，也有助于企业获取更多的资本用于技术创新。

（2）较高的会计信息质量对“债权契约”的影响体现为：由于我国的银行业均未形成较公平的竞争机制，而银行借款是我国企业最重要的债务组成部分，关于会计信息质量、债权契约和企业技术创新之间的关系分析，主要基于我国学者的研究成果。会计信息是银行评价企业偿债能力的重要依据，银行和企业在缔结债务契约时会将多个会计指标作为制订限制性条款的依据。例如，饶艳超和胡奕明（2005）的调查研究表明，我国银行在与企业缔结债务契约时，对多种会计指标和部分会计报表附注信息较为重视。较高的会计信息质量能够加强债权契约的有效性，有效地保护债权人的权益，因此，有助于企业更顺利地获得银行贷款。赵刚等（2014）的研究表明，会计信息质量越高，企业获取的银行借款利率越低、期限越长且单笔金额越大。基于我国的制度背景，李后建和刘思亚（2015）的研究则表明，银行借款对企业技术创新有显著的促进作用。可见，较高的会计信息质量有助于加强债务契约的有效性，从而有利于企业获得更多期限更长、利率更低的银行借款，进而有助于企业技术创新的顺利实现。

（3）较高的会计信息质量对“薪酬契约”的影响体现为：在投资者支付管理者薪酬时，较高的会计信息质量可加强投资者和管理者签订的薪酬契约的有效性，提高薪酬契约对管理者按投资者利益履行职责的积极性（Bushman and Smith，2001），降低管理者为规避风险放弃技术创新的动机，并激励其投身于可实现投资者价值增长的技术创新项目中。

由此可见，较高的会计信息质量更精确地计量缔约主体初始对企业投入的资本要素；更可清晰地约定要支付给每个缔约主体的利益；可更有效地通过会计指标约束缔约主体的行为，并更有效地评价缔约主体履行契约的程度（森德，2000）。较高的会计信息质量通过加强股权契约的有效性，降低技术创新因人为因素而被放弃的可能性；还能通过加强股权契约或债务契约的有效性，使技术创新获得的更多的资本资源；通过加强薪酬契约的有效性，提高管理者抓住技术创新机会的积极性。

2.3 会计信息质量影响企业技术创新的机理分析

2.3.1 前提条件假设

本书基于以下假设开展会计信息质量影响企业技术创新的机理分析。

2.3.1.1 会计信息质量对投资者来说具备价值

会计信息质量对投资者来说具备价值，较高的会计信息质量有助于投资者作出正确的投资决策和监管决策。这意味着较高质量的会计信息能够给投资者带来更多额外的信息，即较高质量的会计信息能够给投资者带来除市场中其他机构提供的信息和投资者能够获得的企业内部私有信息之外的信息。

2.3.1.2 市场中存在价值型投资者

2.3.1.1 节中的假设隐含着的假设为：市场内至少有部分投资者为价值型投资者。因为价值型投资者会秉承根据企业的会计信息了解企业的运营状况、财务状况、经营成果、成长能力等基本面因素估计企业价值的投资理念。因此，价值投资型投资者关心会计信息质量。

投机型投资者仅仅关心股票的价格，但是由于股票要在二级市场上进行交易，投机型投资者才能把股票变现，投机型投资者实质上关心的是其他投资者对股票价格的判断。而由于其他投资者（价值型投资者）会根据会计信息质量来判断股票价格，投机型投资者会间接关心会计信息质量。

2.3.1.3 投资者能够识别出企业提供较高会计信息质量的概率

为何不假设投资者能够完全判断出企业提供会计信息质量？若投资者能够完全判断出企业提供会计信息质量的高低，那么管理者一定会提供较高的会计信息质量。因为只要管理者提供较低的会计信息质量就会被投资者发现，然后被迫修正会计信息，最终提供较高的会计信息质量。因此，投资者完全能够判断出企业提供会计信息质量高低的假设不可能成立。

为何假设投资者能够识别出企业提供高会计信息质量的概率？若投资者不能够判断出企业提供较高会计信息质量的概率，那么管理者一定会提供较低的会计信息质量。因为此时投资者会将所有企业的会计信息质量视为同质的，那么提供较高的会计信息质量的管理者得不到更高的回报，就会放弃提供较高的会计信息质量，由于“劣币逐除良币”，市场会出现“低会计信息质量逐出高会计信息质量”的现象，整个市场内完全充斥低质量的会计信息。这与现实情况不符，因此，通过反证得出投资者至少能够识别出企业提供高会计信息质量的概率。

据此可知，对于投资者来说，投资者对企业的会计信息质量的判断实际上是企业提供高会计信息质量的概率。具体来说，若企业提供高质量会计信息概率较高，投资者根据企业的会计信息作出的投资决策风险较小，因而会要求企业支付较低的资本成本。若企业以较低概率提供高质量会计信息，投资者根据企业的会计信息作出的投资决策风险较大，因而会要求企业支付较高的资本成本。

2.3.2 基于信息视角的企业技术创新实现的机理分析

在分析会计信息质量对企业技术创新影响机制之前，对比分析对称信息和不对称信息对企业技术创新影响的差异，从而从理论上寻找到不对称信息可能对企业技术创新产生影响的路径，进而可以为降低信息不对称可通过何种路径对企业技术创新产生影响提供“对照”，为下文判断会计信息质量可能通过何种路径影响企业技术创新提供参考“解集”。

在完美的资本市场中，资本会流向边际投资报酬较高的项目，这包括资本从企业外部流动到企业内部，再从企业内部流动到边际投资报酬较高的项目，直至所有项目的边际投资报酬相等，此时，企业所有有价值的技术创新均能实现。值得注意的是，信息是资本市场的枢纽与核心。资本从企业外部流动到企业，再由企业内部流动到技术创新相关项目的过程，实际上也是信息由技术创新机会到企业内部管理者，再从企业内部管理者到企业外部投资者的“逆向”信息流动过程。此时，若企业内外部信息流动不存在摩擦，资本方可无摩擦地配置到企业技术创新的相关项目中，企业全部有价值的技术创新机会均能实现，详情如图 2.2 所示。

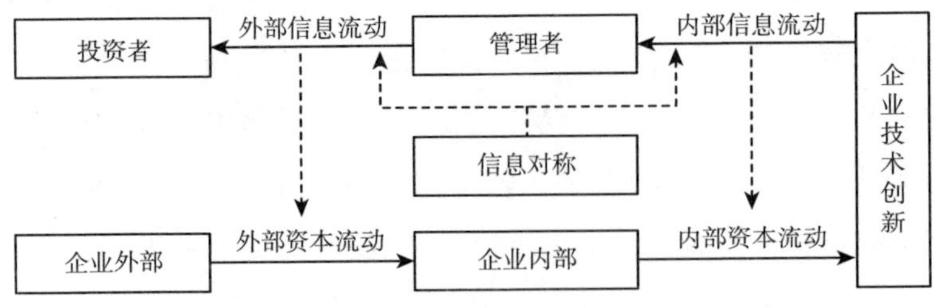

图 2.2　信息对称情况下与企业技术创新相关的信息和资本的流动

由于管理者直接从事企业的运营，能够直接获取企业的内部信息。而投资者的信息则是经过管理者传递的间接信息。因此，现实中，企业内外部的信息往往是不对称的，即从技术创新流动到管理者的内部信息不能完全转化为外部信息流动到投资者。而信息不对称也是造成资本市场存在摩擦从而无法配置到企业技术创新中的重要原因，如图2.3所示。

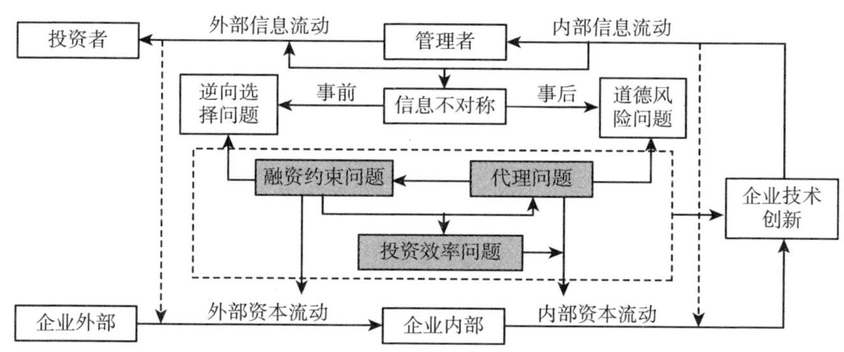

图2.3 信息不对称条件下与企业技术创新相关的信息和资金的流动

按照资本流动的顺序，可以将信息摩擦分为事前和事后信息不对称：事前信息不对称是指资本从企业外部流动到企业内部过程中投资者和管理者之间的信息不对称；事后信息不对称是指资本从企业内部流动到技术创新的过程中投资者和管理者之间的信息不对称。

由事前信息不对称引起的逆向选择问题，会引发企业面临“融资约束问题”，进而影响企业技术创新。具体来说，当事前信息不对称存在时，管理者会凭借自身拥有的信息优势，选择发行股票的时机并仅在企业价值被高估时发行股票。投资者为了弥补为企业支付过高价格的风险，会不愿意为企业提供资本或者索取较高的资本成本，从而使企业面临融资约束问题。此时，企业无法自由地从外部获得资本，即企业技术创新会面临客观的融资约束问题的限制。然而，企业技术创新在研究、开发、产品化、市场推广等各个阶段均需要持续稳定的资本支持，任何一个阶段资本的匮乏，均有可导致企业技术创新的失败。

由事后信息不对称引起的道德风险问题，会引发“代理问题”，进而影响企业技术创新。这体现在：一方面，由于管理者有较高的不可分散的雇佣风险和短期业绩压力等，管理者缺乏对技术创新进行有效投资的动机；管理者通过将资本分配到有利于自己的投资项目或过度在职消费，从而挤占了本应投资于技术创新的资本。而管理者的这些行为将会导致企业的技术创新水平低于最有利于投资者的水平。此时，企业内部的资本，由于管理者存在代理问题，资本在配置到企业技术创新的过程中存在摩擦。另一方面，大股东存在通过直接占用企业资产获取收益的动机，而并不关心与企业长远发展密切联系的企业技术创新相关项目，从而会导致企业缺乏足够的动力致力于技术创新，进一步加大资本配置到企业技术创新相关项目中的摩擦。

由信息不对称引发的融资约束问题和代理问题还会进一步导致“投资效率问题”，从而会降低企业的技术创新水平。既然投资效率问题可以分解为融资约束问题或代理问题，为何要在这里单独讨论投资效率问题呢？第一，融资约束问题和代理问题的影响都与企业现金流“分配”有关，融资约束问题和代理问题均无法影响现金流的产生，而投资效率问题则会影响现金流的“产生”。而实质上只有现金流的“产生”才能够直接影响企业的价值；现金流的“分配”只能通过影响现金流的“产生”来间接影响企业的价值。在经济学中，仅将能够影响现金流“产生”的活动才称为“真实”经济活动（real activities）（Brown et al.，2013）。可见，代理问题和融资约束问题与投资效率问题本质上不是一个层面的问题，投资效率为更本质层面的问题。第二，投资效率问题对技术创新的影响，可以视为融资约束问题和代理问题对技术创新的“间接”影响，而不是“直接”影响。

而关于投资效率问题是融资约束问题所致还是代理问题的结果，学术界一直存在较大争议。但是关于投资效率问题的表现形式为投资对现金流的敏感度，学术界则不存在较大争议。具体来说，持有“投资对现金流的敏感度较高是融资约束问题”观点的学者认为，正因为企业存在融资约束，一旦企业出现现金流，企业会立刻将现金投入到有价值的投资项目上，因此，投资与现金流显著相关。而持有“投资对现金流的敏感度较高是代理问题”观点的学者则认为，企业的管理者缺乏将企业内部资金返还给投资者的动机，当企业的现金流较高时，管理者会立刻将资金投入到企业内部的投资项目以在企业内部“消化”，而不是将资金分配给投资者，从而表现出投资对现金流的敏感度。本书根据比德尔等（Biddle et al.，2006）的研究，将不考虑投资对现金流的敏感度是融资约束问题还是代理问题，而仅关心投资效率问题的表现形式。

企业投资效率问题可以分为投资不足和投资过度两种问题。一方面，当企业存在投资不足的投资效率问题的时候，这种企业更有可能更多面临的是融资约束问题，此时，企业日常项目的运转尚可能缺乏充足的资本支持，就更不会将资金投资于短期内难以见效的企业技术创新相关项目。另一方面，当企业存在投资过度的投资效率问题时，企业更有可能是将资金投资于可以扩建企业实体规模的有形性投资项目中，而不是企业的技术创新中；由于管理者对其他项目付出太多的精力，会转移管理者对企业技术创新项目的关注，从而降低了企业技术创新水平。

由此可知，信息不对称至少可以从融资约束问题、代理问题和低投资效率问题三个方面对企业技术创新造成摩擦。

2.3.3 会计信息质量影响企业技术创新的路径分析

在对基于信息视角的企业技术创新实现机理分析的基础上，不难推导出会计信息质量影响企业技术创新路径的“解集”。本书将对这个“解集”包括的路径逐个进行分析，具体如图2.4所示。

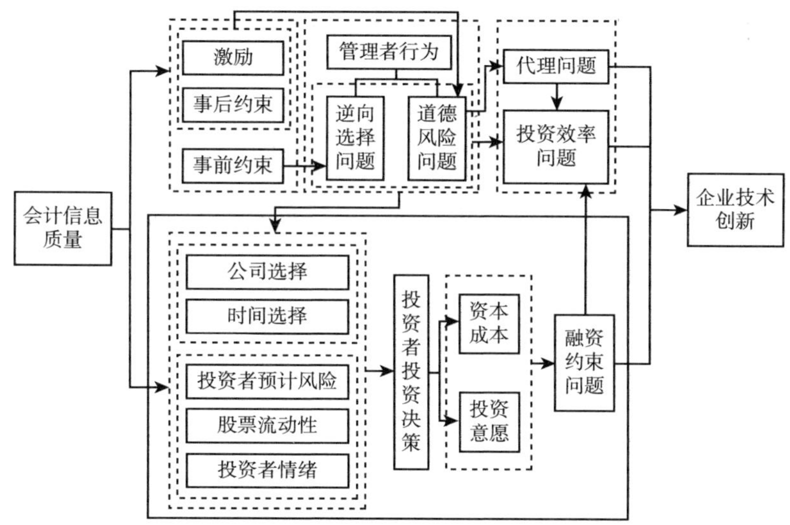

图2.4 会计信息质量影响企业技术创新的路径分析

通过图 2.4 可以得出：

（1）会计信息质量具备治理功能，从而可以通过缓解代理问题的路径对企业技术创新产生影响。理论上代理问题必然会给企业技术创新带来负向影响（Holmstrom，1989）。基于前文会计信息质量影响企业技术创新的信息不对称理论、投资者保护理论、代理理论、契约理论可知，这些理论从不同角度阐述了会计信息质量如何解决企业技术创新相关的代理问题。基于这些理论可知，较高的会计信息质量可以从以下两个方面缓解代理问题对企业技术创新发挥的正向影响：一方面，高会计信息质量可以通过加强事后约束的方式提高管理者和投资者利益的一致程度，使管理者对企业技术创新有关决策更符合投资者的利益。此时管理者为了规避自身风险而不将资本投入企业技术创新的可能性就会降低。另一方面，高会计信息质量可以通过激励的方式缩小管理者和投资者的利益分歧，如提高企业管理者薪酬契约的有效性。可见，对代理问题的抑制作用，是会计信息质量促进企业技术创新的重要路径之一。

（2）会计信息质量能够改善企业的融资条件，从而可以通过缓解融资约束对企业技术创新产生积极影响。融资约束是制约企业技术创新的重要原因（Hall，2010）。韩剑和严兵（2013）的研究表明，融资约束是限制我国企业技术创新的重要问题。还有研究通过外生事件法发现高质量的会计信息可有效地保障企业融资的畅通性，降低企业面临融资约束的程度（Balakrishnan et al.，2014）。

较高的会计信息质量在投资者作出投资决策的两个步骤里均可以发挥积极作用，从而能够提高投资者的投资意愿并降低企业的资本成本，降低融资约束问题，进而使更多的企业技术创新机会得以实现。投资者作出投资决定需要经过两个步骤：选择目标公司（公司选择）及选择何时投资于目标公司（时机选择）。一方面，高会计信息质量可以帮助投资者了解企业内部的真实情况，从而作出选择标的公司的正确判断；另一方面，高会计信息质量可以帮助投资者对标的公司的基本面因宏观环境和自身发展等因素而不断调整的状态有更准确的认知，从而帮助投资者作出投资、增持、减持或全部抛售等决策的恰当时机选择，这也将会降低投资者在股价高估（低估）时购买（出售）股票的风险。高会计信息质量有助于投资者选择有价值的公司，选择正确的时机购买公司的股票，降低投资者要求的信息不对称相关风险的补偿，降低企业的资本成本，缓解融资约束问题，进而避免企业技术创新因缺乏充足的资本供给而无法实现。

投资者对企业的理性估计和不理性估计均会影响投资者的投资决策，而较高的会计信息质量有助于降低投资者经过对企业理性估计或不理性估计后要求企业支付的资本成本，从而有助于企业获取更多的适当成本的资本用于技术创新。较高的会计信息质量可以降低投资者通过理性估计后索取的资本成本，体现在：一是较高的会计信息质量能够降低投资者对企业收益等方面不确定性的估计风险，从而可提高投资者的投资意愿并降低其索取的资本成本（Barry and Brown，1985；Coles and Loewenstein，1988，1995）；二是较高的会计信息质量能够显著地提升企业的股票流动性，降低投资者的直接交易成本（direct trading cost）、价格冲击成本（price-impact cost）和搜寻和延迟成本（search and delay cost）三种流动性成本，从而降低投资者索取的资本成本（Lang et al.，2012）。由此可见，较高的会计信息质量能够通过降低投资者预计风险和提高股票流动性来降低与投资者投资意愿和资本成本密切相关的融资约束问题，从而能够降低对企业技术创新投资不足的程度。此外，投资者对企业的不理性估计体现为：投资者会受自身主观乐观或者悲观情绪的影响来决定是否投资（张宗新和王海亮，2013），或决定索取的资本成本的高低（陆静和周媛，2015；叶建华等，2014）。较高的会计信息质量也能够显著地提高投资者信心，使投资者对企业持有更加乐观的态度，进而会降低企业的资本成本，降低融资约束问题对企业技术创新的限制（雷光勇等，2011）。

（3）会计信息质量可提升企业的内部资本配置效率，从而可通过提高投资效率来对企业技术创新产生影响。正如前文所述，无论企业存在投资不足还是过度投资的低投资效率问题，均会对企业技术创新产生负向影响。投资不足会加剧企业技术创新无法获取充足资本支持的程度，而过度投资又会挤占企业技术创新的资本和管理者关注等稀缺资源。近年大量研究表明，会计信息质量能够有效地提高企业的投资效率，是维持企业正常投资秩序的基础。较高的会计信息质量能够提升企业整体的投资效率（Biddle et al.，2006）。而较高的会计信息质量不仅能够改善投资不足的低效率投资状况，还能够缓解过度投资的低效率投资问题（Biddle et al.，2009；李青原，2009；Chen et al.，2011）。同时，企业外界的融资环境突然变差会加剧企业的投资不足程度，但此时较高的会计信息质量能够降低企业投资不足的程度（Balakrishnan et al.，2014）。可见，高质量的会计信息能够通过改善投资效率问题的路径提升企业技术创新。

2.3.4 会计信息质量影响企业技术创新的制度依存性分析

会计信息质量对企业技术创新发挥经济作用，必然会受到其所在的制度环境的限制，如图 2.5 所示。制度环境是一系列用来构建生产、交换与分配基础的基本规则（李延喜等，2015）。制度环境有优劣之分，好的制度环境能够降低经济主体之间交易的成本，但是坏的制度环境则会提高经济主体之间交易的成本；若脱离了制度环境，则无法认识到经济变动的本质原因（North，1990）。会计信息质量发挥经济影响总是处于某些制度的组合中，会计信息质量对企业技术创新发挥作用必然会受到制度环境的限制，制度环境的优劣会导致会计信息质量对企业技术创新的影响存在差异。

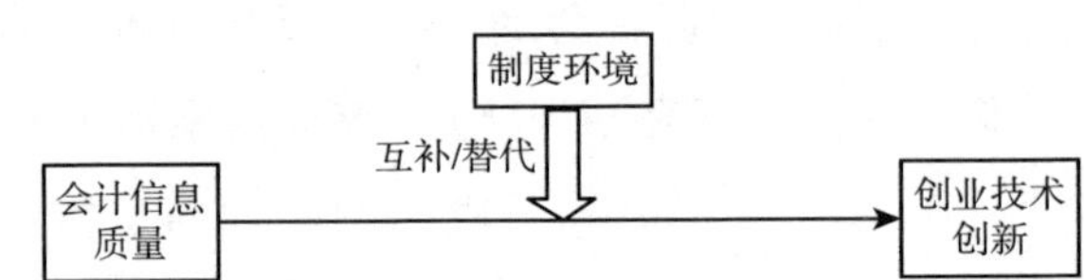

图 2.5 会计信息质量影响企业技术创新的制度依存性分析

根据现有理论研究可知，制度环境越完善，会计信息质量对企业技术创新的影响可能越大，即制度环境的完善程度和会计信息质量在对企业技术创新发挥影响的过程中存在互补作用。这是因为：（1）制度环境越完善，企业的股权趋于分散，管理者和投资者之间的代理问题越严重（La Porta et al.，1998）；从契约角度看，对契约设计和执行效率的要求较高（Bushman and Piotroski，2006）。可见，制度环境越完善，较高的会计信息质量通过缓解代理问题的路径来促进企业技术创新的作用也可能越大。（2）制度环境越完善，金融系统发展程度越高，较高的会计信息质量越有助于企业获取更多的资本（La Porta et al.，1997）。可见，制度环境越完善，较高的会计信息质量通过融资约束路径来促进企业技术创新的作用可能越大。（3）由于制度环境越完善，较高的会计信息质量越能够显著地降低代理问题，提升管理者的投资效率；较高的会计信息质量能够有效地降低融资约束问题，从而降低管理者提升投资效率面临的客观资本限制。可见，制度环境越完善，较高的会计信息质量通过缓解投资效率问题的路径来促进技术创新的效果也更好。

然而，也有理论表明，制度环境越不完善，会计信息质量对企业技术创新的影响可能越大，即制度环境的完善程度和会计信息质量在对企业技术创新发挥影响的过程中存在替代作用。这是因为：（1）制度环境越不完善，对投资者的权益保护程度就越差，代理问题越严重（陈胜蓝和魏明海，2006）。在不完善的制度环境里，会计信息可以作为投资者保护的替代机制，用来治理相关的代理问题（陈胜蓝和魏明海，2006）。此时，较高的会计信息质量通过缓解代理问题的路径对企业技术创新发挥的积极影响就更大。（2）制度环境越不完善，相应的信息服务机构就越稀缺，提供的信息服务水平也较差，此时，会计信息质量对投资者提供的边际信息就越高。在相对不完善的制度环境中，较高的会计信息质量对于加强股票流动性，降低投资者风险的贡献更高，从而更有利于缓解企业的融资约束问题（Lang et al.，2012）。可见，在不完善的制度环境中，较高的会计信息质量更有可能通过缓解融资约束问题的路径提升企业技术创新。（3）制度环境越不完善，较高的会计信息质量对于降低代理问题和融资约束问题的边际贡献越高，从而对于因代理问题和融资约束问题引发的投资效率问题的边际贡献也越高。此时，较高质量的会计信息质量通过缓解投资效率问题来对技术创新发挥积极影响的边际效率也越高。

2.3.5 会计信息质量对企业技术创新价值效应的影响分析

由于技术创新包含经济利益属性，技术创新的本质是创造价值（胡宗良，2007），因此，脱离了价值效应来谈会计信息质量对企业技术创新的影响是不充分的。因此，本书将进一步探究会计信息质量对企业技术创新价值效应的影响机理，如图2.6所示。这体现为：（1）较高的会计信息质量可提升管理者与投资者利益的一致性，从而使管理者更能够积极地将企业技术创新成果产品化，从而提升企业技术创新对企业生产价值的边际贡献。（2）较高的会计信息质量能够提高对管理者的监管和激励作用，从而能够使管理者在实施技术创新之前更努力地全面并深入调查有商业前景的潜在技术创新项目，并能够更尽责地拓展技术创新相关的潜在消费市场，从而保证技术创新以较高的概率给企业带来较高的超额利润，从而提升企业的财务价值。（3）值得注意的是，当管理者为探寻有商业价值技术创新机会和占领技术创新相关的市场付出较多努力时，管理者不仅可提升企业当期的超额利润，还可提升企业未来的现金流水平，从而可提高投资者愿意支付的股票价格，提升企业的市场价值。（4）较高的会计信息质量可提升投资者对企业技术创新价值的预估能力，从而降低投资者的风险并使投资者愿意为企业的技术创新支付更高的市场价格。

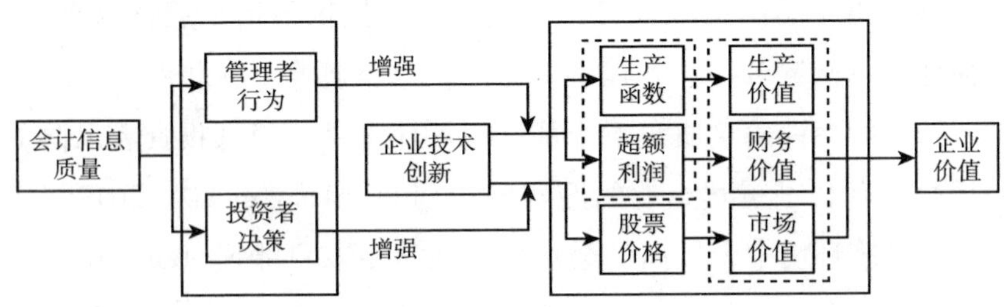

图2.6　会计信息质量对企业技术创新价值效应的影响分析

2.3.6　会计信息质量影响企业技术创新理论分析框架的构建

综合会计信息质量影响企业技术创新的理论依据、前提假设条件、可能的路径、制度依存性，以及会计信息质量对企业技术创新价值效应的影响，构建本书理论分析框架如图2.7所示。

依据图2.7，分析会计信息质量影响企业技术创新机理如下：首先，会计信息质量能够对企业技术创新发挥经济作用。其次，会计信息质量通过融资

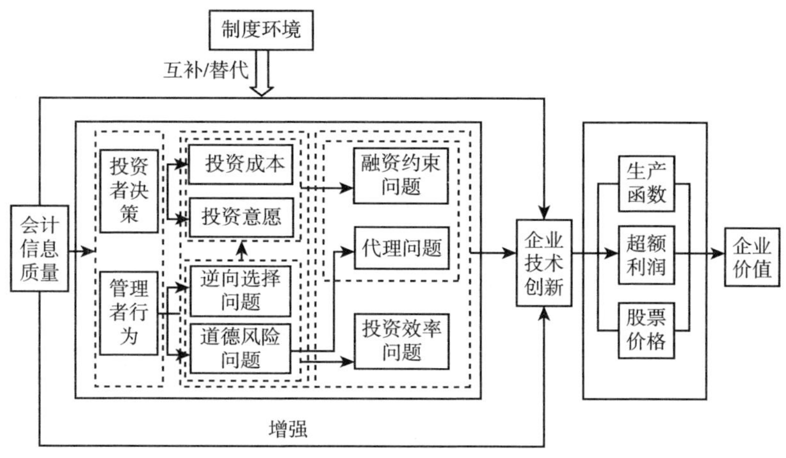

图 2.7 会计信息质量影响企业技术创新的理论分析框架

约束问题、代理问题和投资效率问题的三条传导路径作用于企业技术创新。再次，会计信息质量对企业技术创新发挥经济影响会受到企业所处的制度环境的制约。若制度环境和会计信息质量在影响企业技术创新方面是互补关系，那么制度环境越完善，会计信息质量对企业技术创新的影响越明显；若制度环境和会计信息质量在影响企业技术创新方面是替代关系，那么制度环境越不完善，会计信息质量对企业技术创新的影响反而越明显。最后，企业技术创新的最终目的是提升企业价值，若会计信息质量仅能提升企业技术创新总量，却无法提升甚至降低企业技术创新对企业价值的正向影响程度，那么探究会计信息质量对企业技术创新的提升作用将失去最终的意义，因此，有必要探究会计信息质量对企业技术创新价值效应的影响。如图 2.7 所示，会计信息质量能够增强企业技术创新对企业价值发挥的作用。

根据会计信息质量对企业技术创新影响的机理分析，确定后文的研究内容如下：首先，研究会计信息质量“是否”能够对企业技术创新发挥影响，即探究会计信息质量对企业技术创新影响的存在性；其次，研究会计信息质量“如何”对企业技术创新发挥影响，分别研究融资约束问题、代理问题和投资效率问题在会计信息质量对企业技术创新产生影响的过程中发挥的中介效应；再次，研究会计信息质量“何时”对企业技术创新发挥影响，考察企业所在的制度环境对会计信息质量对企业技术创新发挥影响的制约情况；最后，研究会计信息质量“能否”提升企业技术创新转化为企业价值的效率，即探究会计信息质量对企业技术创新价值效应的影响。

2.4 本章小结

本章对会计信息质量影响企业技术创新机理进行理论分析。首先，对会计信息质量与企业技术创新的内涵进行界定；其次，基于信息不对称理论、投资者保护理论、代理理论、契约理论进行了分析，将此作为会计信息质量影响企业技术创新的主要理论依据；最后，构建了会计信息质量影响企业技术创新的理论分析框架。本章作为全书理论分析的核心章节，为下文研究提供了理论支撑，奠定了下文研究的理论基础。

第 3 章
会计信息质量对企业技术创新影响的模型研究及程度检验

3.1 会计信息质量影响企业技术创新的模型构建与模拟分析

3.1.1 理想情况下的企业技术创新模型

在霍姆斯特姆和米尔格罗姆（Holmstrom and Milgrom，1987）的经典文章中，以具体解析的形式给出了委托代理模型。霍姆斯特姆（Holmstrom，1989）提出，该模型能够解释两权分离制度下企业技术创新不足的普遍现象。本书在借鉴该模型的基本假设及其对变量的基本设定的基础上，构建会计信息质量影响企业技术创新的数理模型。在本部分研究中，假设企业技术创新的投入与产出之间存在严格单调正相关关系，即企业对技术创新的投入越高，企业技术创新的实际成果越丰富。

假设企业有两个投资项目，一个是技术创新项目，另一个是其他项目，如构建厂房、购置机器或者原材料。假设企业的产出为 π，那么企业的产出由管理者的努力水平和企业的两个投资项目共同决定。假设管理者的努力水平为 a，管理者将 I_1 的资本投入企业技术创新中，将 I_2 的资本投入到其他项目中。p_1 和 p_2 分别是对企业技术创新和其他项目进行投资的收益率。由于企业技术创新的收益率一般要高于其他项目，因此，假设 $p_1 > p_2$。θ_1 和 θ_2 分别是企业技术创新和其他项目单位投资相关的随机性因素，符合标准正态分布，即 $\theta_1 \sim N(0, \sigma_1^2)$；$\theta_2 \sim N(0, \sigma_2^2)$，并且是相互独立的。由于技术创新的风险一般要高于其他项目，因此，假设 $\sigma_2 > \sigma_1$。$f_1(\theta_1)$ 和 $f_2(\theta_2)$ 分别是 θ_1 和 θ_2 的密度函数。企业技术创新和其他项目的成本函数分别为 $c_1(I_1) = b_1 I_1^2/2$ 和 $c_2(I_2) = b_2 I_2^2/2$。因此，企业的产出函数可以表示为：

$$\pi = a + p_1 I_1(1 + \theta_1) + p_2 I_2(1 + \theta_2) - \frac{b_1}{2}I_1^2 - \frac{b_2}{2}I_2^2 \tag{3.1}$$

假设 $s(\pi)$ 是投资者和管理者签订的薪酬契约。α 和 β 分别是投资者支付给管理者的固定工资和利润比例（$0 \leqslant \beta \leqslant 1$），那么有：

$$s(\pi) = \alpha + \beta\pi = \alpha + \beta\left[a + p_1 I_1(1 + \theta_1) + p_2 I_2(1 + \theta_2) - \frac{b_1}{2}I_1^2 - \frac{b_2}{2}I_2^2\right] \tag{3.2}$$

假设投资者是风险中性的，投资者享有管理者薪酬之外的利润，因此，投资者的收入 Y_I 为：

$$Y_I = -\alpha + (1 - \beta)\left(a + p_1 I_1 + p_2 I_2 - \frac{b_1}{2}I_1^2 - \frac{b_2}{2}I_2^2\right) \tag{3.3}$$

假设管理者是厌恶风险的，且绝对风险规避度恒为 ρ，那么，管理者会为企业技术创新和其他项目支付出 $\rho\beta^2(I_1^2\sigma_1^2 + I_2^2\sigma_2^2)/2\ (I_1 + I_2)^2$ 的风险贴水。假设管理者的努力成本为 $c_0(a) = b_0 a^2/2$，令 $\bar{\sigma}^2 = I_1^2\sigma_1^2 + I_2^2\sigma_2^2$，投资者的收入 Y_M 则为：

$$\begin{aligned} Y_M &= \alpha + \beta\left[a + p_1 I_1 + p_2 I_2 - \frac{b_1}{2}I_1^2 - \frac{b_2}{2}I_2^2\right] - \frac{b_0}{2}a^2 - \frac{\rho\beta^2(I_1^2\sigma_1^2 + I_2^2\sigma_2^2)}{2} \\ &= \alpha + \beta\left[a + p_1 I_1 + p_2 I_2 - \frac{b_1}{2}I_1^2 - \frac{b_2}{2}I_2^2\right] - \frac{b_0}{2}a^2 - \frac{\rho\beta^2\bar{\sigma}^2}{2} \end{aligned} \tag{3.4}$$

设 $\bar{w}_M$ 是管理者能够接受的最低收入值，$\bar{w}_M$ 代表管理者签订契约的机会成本。则 $Y_M \geqslant \bar{w}_M$ 是个人的理性约束（individual rational constraint，IR）。

假设企业的会计信息完全能够消除信息摩擦，即会计制度能够规定出能够完全反映出企业的真实内部情况的会计信息标准，且企业完全按照会计制度来提供会计信息，此时企业不存在与信息摩擦相关的问题，此时，管理者会按投资者的利益进行投资。假设投资者收入最大时，技术创新投资额为 I_1^*，那么 I_1^* 满足 $\partial Y_I/\partial I_1^* = 0$，$\partial Y_I/\partial I_1^* = (1-\beta)(p_1 - b_1 I_1^*) = 0$，求解得：

$$I_1^* = \frac{p_1}{b_1} \tag{3.5}$$

可见，此时企业对技术创新投资量等于企业技术创新的边际收益与边际成本之比，即为帕累托最优的投资量。当然值得注意的是，企业技术创新投资量要达到帕累托最优的投资量，企业内外部不存在信息摩擦现象，此时企业的投资者能够通过管理者提供的会计信息了解到企业真实的技术创新投资机会的情况。

3.1.2 存在融资约束问题情况下的模型构建和模拟分析

当企业存在融资约束问题（financial constraint，FC）时，企业无法实现其全部投资机会，假设此时企业可实现的投资机会总额为 I，那么 $I < I_1^* + I_2^*$，其中：$I_1^* = p_1/b_1$，$I_2^* = p_2/b_2$，即 I_1^* 和 I_2^* 分别为企业对技术创新和其他项目的最优投资量。假设企业提供的会计信息质量为 AQ，$I(AQ)$ 是企业投资总额关于会计信息质量的函数，$I(AQ)$ 是增函数，即会计信息质量越高，企业可获取的融资总额就越多。即 $I'(AQ) > 0$。当企业存在融资约束时，假设企业可获取的资本数量小于企业最优投资额度所需的资本量 $I < I_1^* + I_2^*$。假设不存在因信息不对称产生的代理问题，管理者将按照投资者收入最大化的宗旨进行投资。此时管理者和投资者的决策函数为：

$$\max_{\alpha,\beta,a,I_1,I_2} Y_I = -\alpha + (1-\beta)\left(a + p_1 I_1 + p_2 I_2 - \frac{b_1(AQ)}{2} I_1^2 - \frac{b_2(AQ)}{2} I_2^2\right) \tag{3.6}$$

$$(\text{IR}) \quad \alpha + \beta\left[a + p_1 I_1 + p_2 I_2 - \frac{b_1}{2}I_1^2 - \frac{b_2}{2}I_2^2\right] - \frac{b_0}{2}a^2 - \frac{\rho\beta^2\bar{\sigma}^2}{2} = \bar{w}_M \tag{3.7}$$

$$(\text{FC}) \quad I_1 + I_2 = I(AQ) \tag{3.8}$$

求解得:

$$I_{1F}^* = \frac{(p_1 - p_2) + b_2 I + \rho\beta_F^*\sigma_2^2 I}{b_1 + b_2 + \rho\beta_F^*(\sigma_1^2 + \sigma_2^2)} \tag{3.9}$$

其中,β_F^* 为均衡状态时 β 的值。可证明 $\beta_F^* = 0$,因而可得:

$$I_{1F}^* = \frac{(p_1 - p_2) + b_2 I(AQ)}{b_1 + b_2} \tag{3.10}$$

由于 I 是关于 AQ 的增函数,根据模型(3.10)可知,会计信息质量提高时,企业技术创新水平也随之提高。

同理,可得投资者收入最大时,其他项目投资额为:

$$I_{2F}^* = \frac{(p_2 - p_1) + b_1 I(AQ)}{b_1 + b_2} \tag{3.11}$$

将管理者此时对企业技术创新投资额与最有利于投资者的企业技术创新投资额相比较:

$$\begin{aligned} I_1^* - I_{1F}^* &= \frac{p_1}{b_1} - \frac{(p_1 - p_2) + b_2 I(AQ)}{b_1 + b_2} = \frac{p_1 b_2 + p_2 b_1 - b_1 b_2 I(AQ)}{b_1(b_1 + b_2)} \\ &> \frac{p_1 b_2 + p_2 b_1 - b_1 b_2(I_1^* + I_2^*)}{b_1(b_1 + b_2)} \\ &= \frac{b_1 I_1^* b_2 + b_2 I_2^* b_1 - b_1 b_2(I_1^* + I_2^*)}{b_1(b_1 + b_2)} = 0 \end{aligned} \tag{3.12}$$

可见,$I_1^* - I_{1F}^* > 0$,即 $I_1^* > I_{1F}^*$,这也就是说,当企业存在融资约束时,企业技术创新的投资额要低于帕累托最优值,而企业的会计信息质量能够缓解企业的融资约束程度,从而提升企业的技术创新水平。

例如,假设企业技术创新的收益率 $p_1 = 0.7$,其他项目的收益率 $p_2 = 0.5$,技术创新和其他项目的成本系数分别为 $b_1 = 0.2$ 和 $b_2 = 0.3$,管理者的努力成本系数 $b_0 = 1$,管理者的绝对风险规避度 $\rho = 0.2$,$1 > \sigma_1^2 > \sigma_2^2 > 0$。在图 3.1

和图3.2中I_1^*为项目的最优投资值。

假设企业面临融资约束问题，且$I=4$，此时企业技术创新投资总额为I_{1F1}^*，如图3.1所示。此时，相关的β_{1F1}^*为0。

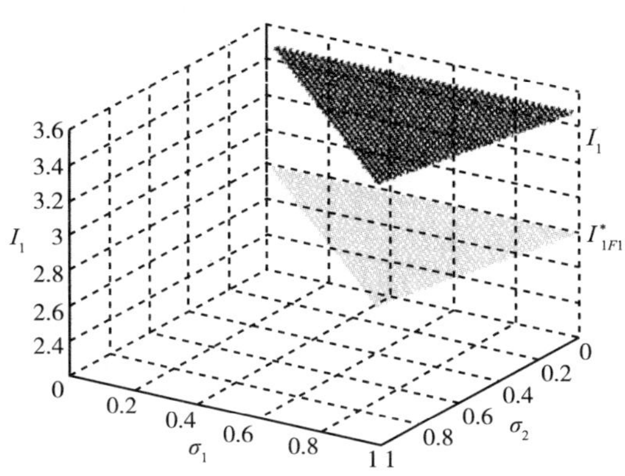

图3.1 I_1^*和I_{1F1}^*的比较

由图3.1可见，$I_{1F1}^* < I_1^*$。即当企业面临融资约束问题时，企业对技术创新的投资值要小于帕累托最优值。

假设企业的会计信息质量得到了提高，使企业的投资总额由4增至4.6，那么企业对技术创新的投资总额将由I_{1F1}^*增到I_{1F2}^*，如图3.2所示。可见，会计信息质量对企业技术创新存在积极的作用。

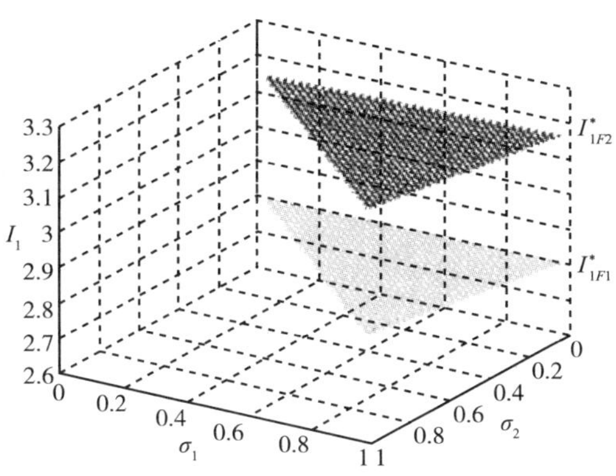

图3.2 I_{1F1}^*和I_{1F2}^*的比较

3.1.3 存在代理问题情况下的模型构建和模拟分析

值得注意的是，融资约束往往不是单独存在的，而是和企业的代理问题同时存在。当企业同时存在融资约束问题和代理问题时，管理者的投资决策函数为：在融资约束的条件下，按照自身利益而非投资者的利益来作出与技术创新有关的投资判断。此时，管理者和投资者的决策函数为：

$$\max_{\alpha,\beta} Y_I = -\alpha + (1-\beta)\left(a + p_1 I_1 + p_2 I_2 - \frac{b_1}{2}I_1^2 - \frac{b_2}{2}I_2^2\right) \tag{3.13}$$

$$\text{(IR)} \quad \alpha + \beta\left[a + p_1 I_1 + p_2 I_2 - \frac{b_1}{2}I_1^2 - \frac{b_2}{2}I_2^2\right] - \frac{b_0}{2}a^2 - \frac{\rho\beta^2\bar{\sigma}^2}{2} = \bar{w}_M \tag{3.14}$$

$$\text{(IC)} \quad \max_{a,I_1,I_2} Y_M = \alpha + \beta\left[a + p_1 I_1 + p_2 I_2 - \frac{b_1(AQ)}{2}I_1^2 - \frac{b_2(AQ)}{2}I_2^2\right] - \frac{b_0}{2}a^2 - \frac{\rho\beta^2(I_1^2\sigma_1^2 + I_2^2\sigma_2^2)}{2} \tag{3.15}$$

$$\text{(FC)} \quad I_1 + I_2 = I(AQ) \tag{3.16}$$

求解得：

$$I_{1FA}^* = \frac{(p_1 - p_2) + b_2 I(AQ) + \rho\beta_{FA}^*\sigma_2^2 I(AQ)}{b_1 + b_2 + \rho\beta_{FA}^*(\sigma_1^2 + \sigma_2^2)} \tag{3.17}$$

由于 I 是关于 AQ 的增函数，根据模型（3.17）可知，会计信息质量与企业的技术创新呈正相关。

假设企业技术创新给投资者带来的单位收益要大于其他项目，则可得：

$$p_1 I_1 - \frac{b_1}{2}I_1^2 > p_2 I_2 - \frac{b_2}{2}I_2^2$$

若 $I_1 = I_2 = \underline{I}$ 且 $\underline{I}$ 为任意非负数，则可推出：

$$p_1 - p_2 - (b_1 - b_2)\frac{\underline{I}}{2} > 0 \tag{3.18}$$

$$I_1^* - I_{1AF}^* = \frac{p_1}{b_1} - \frac{(p_1 - p_2) + b_2 I + \rho\beta_{FA}^*\sigma_2^2 I}{b_1 + b_2 + \rho\beta_{FA}^*(\sigma_1^2 + \sigma_2^2)} > \frac{p_1 b_2 + p_2 b_1 - b_1 b_2 I}{b_1(b_1 + b_2)}$$

$$+\frac{\left[(p_1-p_2)-(b_1-b_2)\dfrac{I}{2}\right](\sigma_1^2+\sigma_2^2)\rho\beta_{FA}^*}{(b_1+b_2)\left[b_1+b_2+\rho\beta_{FA}^*(\sigma_1^2+\sigma_2^2)\right]}>0 \quad (3.19)$$

可见，$I_1^* > I_{1F}^*$，也就是说，当企业存在融资约束问题和代理问题时，企业对技术创新的投资要低于帕累托最优值。

例如，假设企业技术创新的收益率 $p_1=0.7$，其他项目的收益率 $p_2=0.5$，企业技术创新和其他项目的成本系数分别为 $b_1=0.2$ 和 $b_2=0.3$，管理者的努力成本系数 $b_0=1$，管理者的绝对风险规避度 $\rho=0.2$，$1>\sigma_1^2>\sigma_2^2>0$。假设企业面临融资约束问题和代理问题，且 $I=4$。此时，企业技术创新如图 3.3 的 I_{1FA1}^* 所示，对应的 β_{FA1}^* 如图 3.4 所示。由图 3.3 可见，$I_{1FA1}^* < I_1^*$。即当企业同时面临融资约束问题和代理问题时，企业对技术创新的投资额要小于帕累托最优值。

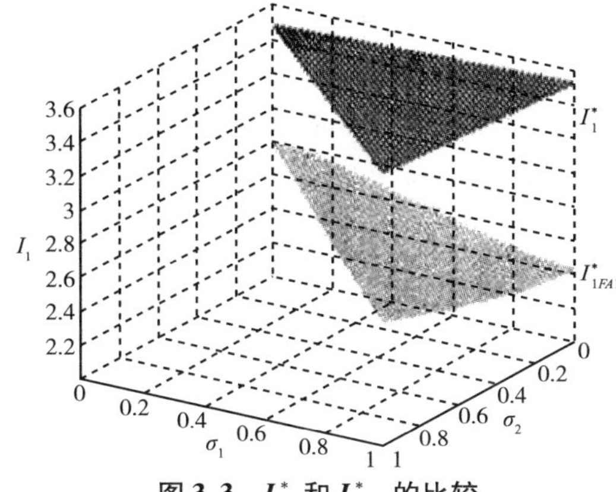

图 3.3　I_1^* 和 I_{1FA1}^* 的比较

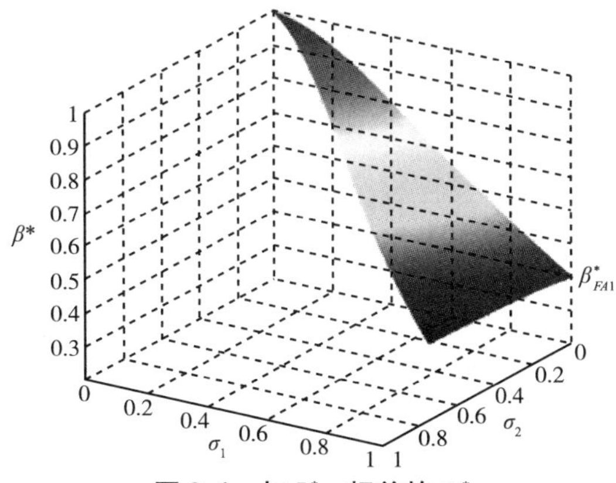

图 3.4　与 I_{1FA1}^* 相关的 β_{FA1}^*

假设会计信息质量得到了提高，从而缓解了融资约束，使企业的投资总额由4增至4.6，那么，企业技术创新由 I_{1FA1}^{*} 增到 I_{1FA2}^{*}，如图3.5所示。假设会计信息质量提高到一定的水平，可保证投资者监管管理者按照投资者的利益进行投资，那么，企业技术创新总额将由 I_{1FA1}^{*} 增到 I_{1F1}^{*}，如图3.6所示。可见，会计信息质量越高，企业技术创新水平越高。

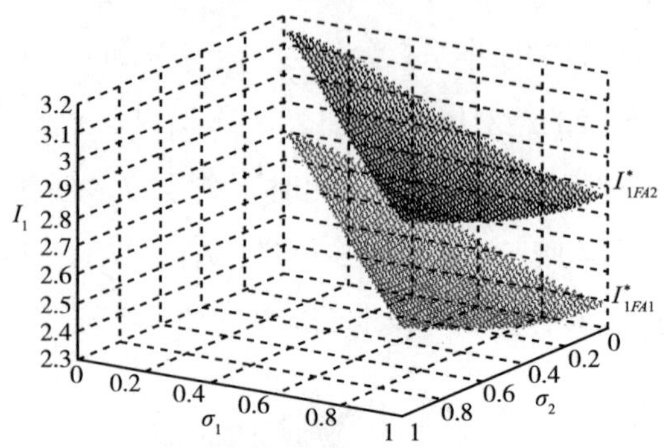

图3.5　I_{1FA1}^{*} 和 I_{1FA2}^{*} 的比较

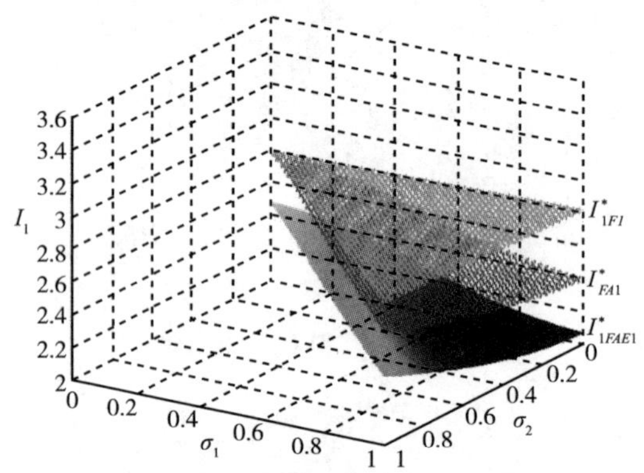

图3.6　I_{1F1}^{*}、I_{1FA1}^{*} 和 I_{1FAE1}^{*} 的比较

3.1.4　存在低效率投资问题情况下的模型构建和模拟分析

借鉴莫塔（Motta，2003）的研究，管理者还可能会直接通过占有既有投资的收益来获利。假设通过对项目投资管理者可以获取 mI^2 收益，其中 m 是侵占率，且 $m>0$。会计信息质量具备治理功能，因此，假设会计信息质量与管理者的侵占率负相关，即 $m'(AQ)<0$。

假设企业存在融资约束限制，或者假设企业不存在融资约束限制但因管理者精力所限，企业最高的投资额度为 I，$I<I_1^*+I_2^*$。由于管理者会通过直接侵占既有投资的收益来获利，说明企业一定存在代理问题。此时，管理者会根据自身的收益来作出投资决策，其投资决策函数为：

$$\max_{\alpha,\beta} Y_I = -\alpha + (1-\beta)\left(a + p_1 I_1 + p_2 I_2 - \frac{b_1}{2}I_1^2 - \frac{b_2}{2}I_2^2\right) \tag{3.20}$$

(IR)

$$\alpha + \beta\left[a + p_1 I_1 + p_2 I_2 - \frac{b_1}{2}I_1^2 - \frac{b_2}{2}I_2^2\right] + m(AQ)I^2 - \frac{b_0}{2}a^2 - \frac{\rho\beta^2\bar{\sigma}^2}{2} = \bar{w}_M \tag{3.21}$$

(IC_2)

$$\max_{a,I_1,I_2} Y_M = \alpha + \beta\left[a + p_1 I_1 + p_2 I_2 - \frac{b_1}{2}I_1^2 - \frac{b_2}{2}I_2^2\right] + m(AQ)I^2 - \frac{b_0}{2}a^2 - \frac{\rho\beta^2\bar{\sigma}^2}{2} \tag{3.22}$$

(FC)
$$I_1 + I_2 = I(AQ) \tag{3.23}$$

$I(AQ)$ 是会计信息质量的增函数。即 $I'(AQ)>0$。当企业存在融资约束时，假设企业可获取的资本量小于企业最优投资额度所需的资本量 $I<I_1^*+I_2^*$。

求解得：

$$I_{1FAE}^* = \frac{(p_1-p_2) + b_2 I(AQ) + \rho\beta_{FAE}^*\sigma_2^2 I(AQ)}{b_1 + b_2 - 2m(AQ) + \rho\beta_{FAE}^*(\sigma_1^2+\sigma_2^2)} \tag{3.24}$$

由于 I 是关于 AQ 的增函数，m 是 AQ 的减函数，由模型（3.24）可知，会计信息质量与企业技术创新呈正相关。

由于 $b_1+b_2>0$，且 $I_{2F}^*>0$，$I_{2F}^*=\dfrac{(p_2-p_1)+b_1 I}{b_1+b_2}$，可知 $(p_2-p_1)+b_1 I>0$。由此可得：

$$I_1^* - I_{1FAE}^* = \frac{p_1}{b_1} - \frac{(p_1-p_2) + b_2 I + \rho\beta\sigma_2^2 I}{b_1 + b_2 - 2m(AQ) + \rho\beta(\sigma_1^2+\sigma_2^2)} > \frac{p_1 b_2 + p_2 b_1 - b_1 b_2 I}{b_1(b_1+b_2)}$$

$$+\frac{\left[(p_1-p_2)-(b_1-b_2)\frac{I}{2}\right](\sigma_1^2+\sigma_2^2)\rho\beta+2m(AQ)[(p_2-p_1)+b_1I]}{(b_1+b_2)[b_1+b_2+\rho\beta(\sigma_1^2+\sigma_2^2)]}>0 \tag{3.25}$$

由模型（3.25）可知，$I_1^* > I_{1AFE}^*$，也就是说，当企业管理者通过占有既有投资的收益来获利时，企业对技术创新的投资要低于帕累托最优值。

例如，假设 $p_1=0.7$，$p_2=0.5$，$b_1=0.2$，$b_2=0.3$，$b_0=1$，$\rho=0.2$，$1>\sigma_1^2>\sigma_2^2>0$。假设企业面临融资约束问题、代理问题和低投资效率问题，且 $I=4$，$m=0.05$。此时企业技术创新投资值为 I_{1FAE1}^*，如图 3.7 所示。对应的 β_{FAE1}^* 如图 3.8 所示。

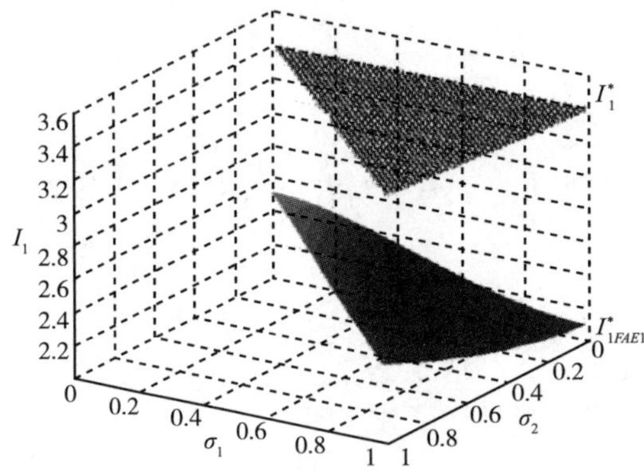

图 3.7 I_1^* 和 I_{1FAE1}^* 的比较

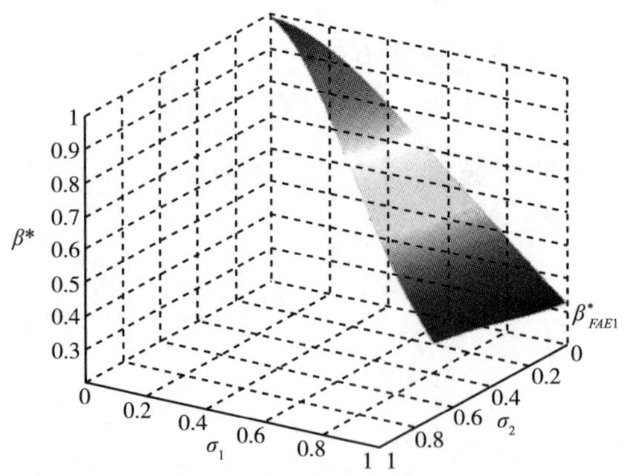

图 3.8 与 I_{1FAE1}^* 相关的 β_{FAE1}^*

由图3.7可见，$I_{1FAE1}^{*} < I_{1}^{*}$。即当企业面临融资约束问题、代理问题并且存在低投资效率问题时，企业对技术创新的投资值要小于帕累托最优值。

假设企业的会计信息质量得到了提高，缓解了融资对企业投资的限制，使企业的投资总额由4增值4.6，那么企业对技术创新的投资总额将由I_{1FAE1}^{*}增到I_{1FAE2}^{*}，如图3.9所示。假设企业的会计信息质量提高到一定的水平，从而能够保证投资者监管管理者按照投资者的利益进行投资，那么企业的技术创新总额将由I_{1FAE1}^{*}增到I_{1F1}^{*}，见3.1.3节的图3.6。假设企业的会计信息质量提高到一定的水平，从而能够降低管理者通过低效率投资侵占投资者的权益的程度，如m由0.05降为0.02，那么企业的技术创新总额将由I_{1FAE1}^{*}增到I_{1FAE3}^{*}，如图3.10所示。可见，会计信息质量有助于企业技术创新。

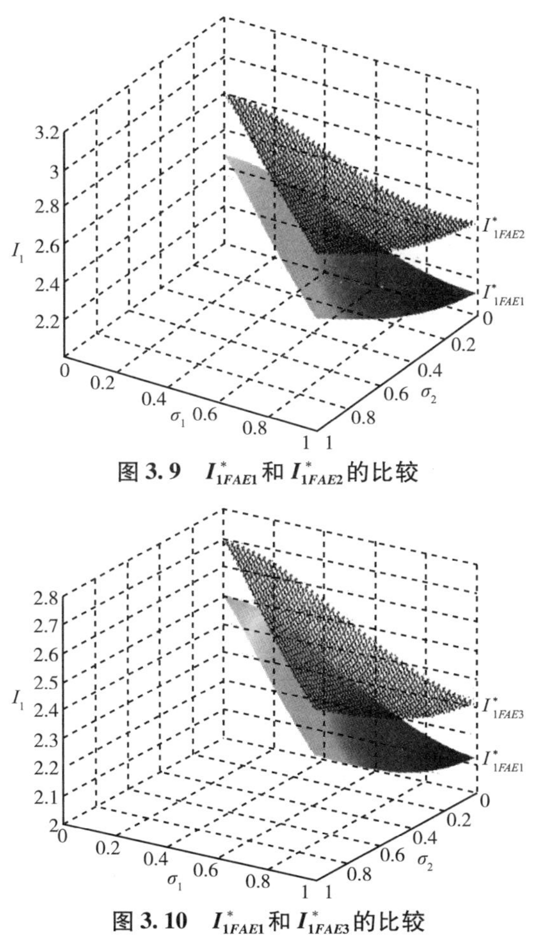

图3.9　I_{1FAE1}^{*}和I_{1FAE2}^{*}的比较

图3.10　I_{1FAE1}^{*}和I_{1FAE3}^{*}的比较

基于以上分析，可以提出如下假设：

H3.1：较高的会计信息质量有助于企业技术创新。

3.2 研究设计

3.2.1 研究样本与数据来源

以2003~2013年A股上市公司为研究对象。(1) 从国家知识产权局网站手工搜集每家上市公司以专利申请人身份申请的专利数据。(2) 其他企业相关数据来自CSMAR数据库和RESSET数据库。(3) 由于金融行业的公司的会计信息与其他行业的公司有较大程度的差异，因而被剔除。(4) 对资产规模等连续变量进行了1%分位及99%分位处理。(5) 剔除了相关研究变量数据缺失的公司的数据。(6) 删除了年度观测值不足30家公司的行业数据。(7) 在实证主体部分采用Tobit回归分析方法来处理企业技术创新数据存在截断的情况。(8) 主要使用软件Stata 13.0进行实证分析。

3.2.2 变量定义与实证模型设计

由于会计信息质量兼具可靠性、相关性、谨慎性、及时性、可理解性、可比性等多维属性（Echer et al.，2006），单一的指标很难全面反映会计信息质量。为克服单一指标度量的片面性的局限，鉴于我国上市企业会计数据的可用性，结合本书对会计信息质量概念的界定以及现有学者的相关研究（李青原，2009；范经华等，2013），本书采用以可靠性为核心体系的会计信息质量度量方法，即通过应计质量、盈余平滑度和会计稳健性等属性的加权值来度量会计信息质量。

据迪舟和迪切夫（Dechow and Dichev，2002）设计的应计利润质量的计量模式，将企业的当期运营资本应计利润和企业的经营现金流建立了联系，通过残差表示会计信息质量。在模型（3.26）中，ΔInv 是存货的变化量，ΔRec 是应收账款的变化量，ΔOl 是其他流动资产的变化量，ΔAp 是应付账款的变化量，$\Delta Depre$ 是折旧的变化量。在模型（3.27）中，Cfo 是经营现金流量。按行业和年度计算第 $t-4$ 年到第 t 年间模型（3.26）的估计残差的标准差的相反数，并将其按从大到小的顺序排序，将其所在次位的百分位数值记为 AQ_1。具体如下：

$$Acc_{i,t} = \Delta Inv_{i,t} + \Delta Rec_{i,t} + \Delta Ol_{i,t} - \Delta Ap_{i,t} - \Delta Depre_{i,t} \tag{3.26}$$

$$Acc_{i,t} = \beta_0 + \beta_1 Cfo_{i,t-1} + \beta_2 Cfo_{i,t} + \beta_3 Cfo_{i,t+1} + \varepsilon_{i,t} \tag{3.27}$$

计算会计信息质量的第二个依据是现金流量与应计利润的分段线性估计模型（Ball and Shivakumar，2005）。如模型（3.28）所示，其中 Cfo 是经营现金流量，$Dcfo$ 为虚拟变量：当 $Cfo < 0$ 时，$Dcfo = 1$；当 $Cfo \geqslant 0$ 时，$Dcfo = 0$。按行业和年度计算第 $t-4$ 年到第 t 年间模型（3.28）的估计残差的标准差的相反数，并将其按从大到小的顺序排序，将其所在次位的百分位数值记为 AQ_2。具体如下：

$$Acc_{i,t} = \alpha_0 + \alpha_1 Dcfo_{i,t} + \alpha_2 Cfo_{i,t} + \alpha_3 Dcfo_{i,t} \times Cfo_{i,t} + \varepsilon_{i,t} \tag{3.28}$$

计算会计信息质量的第三个依据是利润的平滑度（Bhattacharya et al.，2003）。即若企业应计项目和现金流的相关系数很大，则说明管理者很有可能为了迎合企业投资者对稳定经营状况的需求，平滑了利润。如模型（3.29）所示，其中，$\delta(Prof)$ 是相应企业第 $t-4$ 年到第 t 年营业利润的标准差，$\delta(Cfo)$ 是相应企业第 $t-4$ 年到第 t 年净现金流的标准差。将 ES 按从大到小的顺序排序，将其所在次位的百分位数值记为 AQ_3。该模型如下：

$$ES_{i,t} = \frac{\delta(Prof_{i,t})}{\delta(Cfo_{i,t})} \tag{3.29}$$

用于计算会计信息质量的第四个依据是 Jones 模型（Jones，1991），即认为非可操纵性应计利润随着企业销售收入和固定资产折旧的变化而变化，且企业的固定资产净值为其计提固定资产折旧的基础。Jones 模型如模型（3.30）所示。其中，TA、$\triangle REV$ 和 $PPEA$ 分别表示应计项目总额、与前一年相比收入的变化额和固定资产总额，ε 是残差项，残差项表示企业的可操控应计项目，残差项越大则表示企业的会计信息质量越差。同样按行业和年度计算第 $t-4$ 年到第 t 年间模型（3.30）的估计残差的标准差的相反数，并将其按从大到小的顺序排序，将其所在次位的百分位数值记为 AQ_4。该模型如下：

$$\frac{TA_{i,t}}{Asset_{i,t-1}} = \alpha_0 + \beta_1 \frac{\Delta REV_{i,t}}{Asset_{i,t-1}} + \beta_2 \frac{PPEA_{i,t}}{Asset_{i,t-1}} + \varepsilon_{i,t} \tag{3.30}$$

根据李青原（2009）和范经华等（2013）的研究，本书将 AQ_1、AQ_2、AQ_3和 AQ_4的算数平均数记为会计信息质量（AQ）。

企业申请的专利相对于研发费用，较难受到企业管理人员盈余管理行为的影响（Tian and Wang，2014）；研发费用仅能够反映企业对技术创新的有形资产的投入，而企业申请的专利不仅可以反映企业有形资源的投入，还可以反映出无形资源的投入，且已经成为近期国内外相关研究衡量企业技术创新的主要依据（Bena and Li，2014；Tan et al.，2015）；与研发费用相比，企业申请的专利可以更直观地衡量企业技术创新的成果。因此，本书将通过企业申请的专利数量加 1 的对数（*Inov*0）的方式测量企业技术创新。因为不同的专利对企业核心竞争力的影响程度是不同的，其中发明专利与企业的核心竞争力的相关度最高，因此，企业对发明专利的申请情况能够说明企业技术创新的质量水平（Tan et al.，2015），所以本书还通过企业申请的发明专利数量加 1 的对数（*Inov*1）来度量企业技术创新。

行业竞争程度通过赫芬达尔 - 赫希曼指数来表示，具体为：

$$HHI = \sum \left(\frac{Sale_{i,j,t}}{Sale_{j,t}}\right)^2 \tag{3.31}$$

其中，$Sale_{j,t}$是 t 年 j 行业的销售额，$Sale_{j,t} = \sum Sale_{i,j,t}$，$Sale_{i,j,t}$为 t 年 j 行业中 i 公司的销售额。

在主要变量确定的基础上，按照模型（3.32）就会计信息质量对企业技术创新的影响进行检验。在控制变量中，控制了公司规模（*Size*）、资产负债率（*Lev*）、独立董事比例（*Indi*）、国有股份比例（*State*）、行业竞争程度（*HHI*）和上市年限（*Listy*）等影响企业技术创新的关键因素。

$$Inov0_{i,t}(Inov1_{i,t}) = \alpha_0 + \alpha_1 AQ_{i,t} + \alpha_2 Size_{i,t} + \alpha_3 Lev_{i,t} + \alpha_4 Indi_{i,t} + \alpha_5 State_{i,t} + \alpha_6 HHI_{i,t} + \alpha_7 Listy_{i,t} + \sum Ind + \sum Year + \varepsilon_{i,t} \quad (3.32)$$

各变量的定义汇总如表 3.1 所示。

表 3.1　　变量定义表

变量名称	变量	变量说明	文献依据
企业技术创新	*Inov0*	发明专利、外观设计以及实用新型总申请量与 1 之和的对数	Tian and Wang（2014）
企业技术创新	*Inov1*	发明专利申请量与 1 之和的对数	Tan et al.（2015）
会计信息质量	*AQ*	会计信息质量综合属性的算数平均值	Ecker et al.（2006），李青原（2009）
公司规模	*Size*	总资产的对数	柳建华等（2009）
资产负债率	*Lev*	总负债与总资产的比值	He and Tian（2013）
独立董事比例	*Indi*	独立董事人数占董事会总人数的比重	袁建国等（2015）
国有股份比例	*State*	公司国有股与公司总股数的比值	李泽广和马泽昊（2013）
行业竞争程度	*HHI*	以销售额为基础计算的赫芬达尔－赫希曼指数	He and Tian（2013）
上市年限	*Listy*	观测年份减去企业上市年份加 1 的自然对数	李延喜等（2015）
行业类型	*Ind*	属于该行业时赋值为 1，否则为 0	He and Tian（2013）
年份	*Year*	处于该年份时赋值为 1，否则为 0	He and Tian（2013）

3.3　实证结果分析与讨论

3.3.1　描述性统计分析

首先，对变量进行描述性统计，见表 3.2。通过企业申请的专利数量总量与 1 之和的对数来度量企业技术创新（*Inov0*），企业技术创新的最小值为 0，最大值为 8.764，方差达 1.361。通过企业申请的发明专利数量总量与 1 之和的对数来度量企业技术创新（*Inov1*），企业技术创新的最小值为 0，最大值为

8.568，方差达1.013。这表明不同企业的技术创新存在明显差异且差异较大。各控制变量在不同企业之间存在明显差异，间接验证了考虑这些变量的必要性。

表3.2　　变量的描述性统计结果

变量	均值	方差	最小值	最大值
*Inov*0	0.801	1.361	0	8.764
*Inov*1	0.495	1.013	0	8.568
AQ	50.496	28.867	1	100
Size	21.545	1.104	18.809	25.183
Lev	0.524	0.284	0	7.373
Indi	0.345	0.071	0	0.75
State	21.931	23.574	0	74.991
HHI	0.049	0.084	0.006	1
Listy	2.329	0.358	0.693	3.135

3.3.2　分组检验

根据会计信息质量高低（会计信息质量大于或等于中间值则记为较高会计信息质量组 $AQC=1$，会计信息质量低于中间值则记为较低会计信息质量组 $AQC=0$）对样本企业进行分组并检验均值的差异，如表3.3所示。

表3.3　　分组检验

变量	*AQC*=1组均值	*AQC*=0组均值	均值差异	T检验
*Inov*0	1.0829	0.5194	0.5635***	24.2021
*Inov*1	0.6879	0.3026	0.3853***	22.2102
Size	21.0546	22.0346	-0.9800***	-57.7839
Lev	0.4611	0.5869	-0.1257***	-26.4749
Indi	0.3424	0.3481	-0.0056***	-3.5218
State	18.185	20.4385	-2.2535***	-5.5242
HHI	0.0442	0.0547	-0.0105***	-7.3520
Listy	2.2695	2.3885	-0.1189***	-15.6370

注：***表示至少在1%的显著性水平上显著。

首先，对企业技术创新（*Inov*0 和 *Inov*1）的均值进行检验，结果显示，较高会计信息质量组（$AQC=1$）的企业技术创新（*Inov*0 和 *Inov*1）在平均值上比较低会计信息质量组（$AQC=0$）的企业高 0.5635（0.3853），且至少在 1% 水平上显著，这初步表明会计信息质量会带来企业技术创新的提升，及支持了假设 H3.1。但是，该研究结论还需进一步翔实的检验。其次，对控制变量进行检验，结果显示，不同会计信息质量组的企业在公司规模（*Size*）、资产负债率（*Lev*）、独立董事比例（*Indi*）、国有股权比例（*State*）、行业竞争程度（*HHI*）以及上市年限（*Listy*）方面存在显著不同。

3.3.3 由内生性视角对会计信息质量影响企业技术创新的检验

3.3.3.1 会计信息质量影响企业技术创新的检验—直接检验

表 3.4 是基于模型（3.32）的回归结果，表示的是会计信息质量对企业技术创新的影响。

表 3.4　　会计信息质量对企业技术创新影响的研究

变量	(1) *Inov*0	(2) *Inov*1
常数项	−25.3492*** (−26.353)	−23.6517*** (−25.925)
AQ	0.0065*** (5.199)	0.0064*** (5.426)
Size	0.9915*** (26.840)	0.9268*** (26.380)
Lev	−1.0519*** (−7.639)	−0.9503*** (−6.694)
Indi	0.1399 (0.321)	0.4280 (1.046)
State	−0.0030** (−2.222)	−0.0023* (−1.767)

续表

变量	(1) *Inov0*	(2) *Inov1*
HHI	0.0510 (0.071)	−0.7511 (−1.025)
Listy	6.5065 *** (14.114)	5.9515 *** (14.008)
Ind	控制	控制
Year	控制	控制
N	10507	10507
Pseudo R^2	0.1631	0.1830

注：***、** 和 * 分别表示至少在 1%、5% 以及 10% 的显著性水平上显著。

表 3.4 中的第（1）列，是通过企业申请的专利数量总量与 1 之和的对数来度量企业技术创新（*Inov0*），其中会计信息质量（*AQ*）的系数为 0.0065，对应的 t 值为 5.199，这表明在 1% 的显著性水平上，会计信息质量可对企业技术创新发挥正向影响，这支持了假设 H3.1。表 3.4 第（2）列，是通过企业申请的发明专利数量总量与 1 之和的对数来度量较高质量的企业技术创新（*Inov1*），其中会计信息质量（*AQ*）的系数为 0.0064，对应的 t 值为 5.426，这表明在 1% 的显著性水平上，会计信息质量有助于企业技术创新，这再次支持了假设 H3.1。

3.3.3.2 会计信息质量影响企业技术创新的检验—内生性问题

由于较高的会计信息质量可能不能够立刻给企业技术创新带来好处，可能会在时间上存在一定的滞后性，鉴于此，本书滞后一期的会计信息质量作为会计信息质量的工具变量，采用模型（3.32）对上述结论进行稳健性检验，这样可以从时间的先后顺序上，阐明会计信息质量和企业技术创新之间可能存在的因果关系，从而可以克服前述“双向因果关系”的问题。

$$Inov0_{i,t}(Inov1_{i,t}) = \alpha_0 + \alpha_1 AQ\_lag_{i,t} + \alpha_2 Size_{i,t} + \alpha_3 Lev_{i,t} + \alpha_4 Indi_{i,t} + \alpha_5 State_{i,t} + \alpha_6 HHI_{i,t} + \alpha_7 Listy_{i,t} + \sum Ind + \sum Year + \varepsilon_{i,t} \quad (3.33)$$

其中，*AQ_lag* 表示滞后一期的会计信息质量。模型（3.33）的回归结果如表3.5所示。

表3.5 滞后一期的会计信息质量对企业技术创新影响的研究

变量	(1) *Inov*0	(2) *Inov*1
常数项	-23.4554*** (-25.295)	-21.8143*** (-25.302)
AQ_lag	0.0120*** (5.497)	0.0095*** (4.699)
Size	0.8624*** (22.997)	0.8185*** (23.336)
Lev	-1.1020*** (-7.628)	-1.2738*** (-7.951)
Indi	0.2901 (0.554)	0.1494 (0.311)
State	-0.0039** (-2.405)	-0.0035** (-2.338)
HHI	10.1603*** (11.673)	9.5629*** (11.978)
Listy	-23.4554*** (-25.295)	-21.8143*** (-25.302)
Ind	控制	控制
Year	控制	控制
N	9158	9158
Pseudo R^2	0.1655	0.1838

注：***、** 分别表示至少在1%、5%的显著性水平上显著。

由表3.5第（1）列回归结果可知，通过企业申请的专利数量总量与1之和的对数来度量企业技术创新（*Inov*0），滞后一期的会计信息质量（*AQ_lag*）的系数为0.0120，对应的 t 值为5.497，即系数在1%的显著性水平上为正，这从时间先后的角度，说明了会计信息质量对企业技术创新具有显著的正向影响。由表3.5第（2）列回归结果可知，通过企业申请的发明专利数量总量与1之和的对数来度量企业技术创新（*Inov*1），滞后一期的会计信息质量（*AQ_lag*）的系数为0.0095，对应的*t*值为4.699，即系数在1%的显著性水平上为正，这从时间先后的角度，说明了会计信息质量对企业技术创新存在具有显著的正向影响。

3.3.4　实证结论与政策启示

本章基于博弈理论、信息不对称理论和代理理论，在现有研究基础上构建了：存在融资约束问题情况下、存在代理问题情况下和存在低效率投资情况下企业技术创新实现的机理，并通过仿真分析来说明会计信息质量对企业技术创新的影响，并提出较高的会计信息质量可促进企业技术创新的研究假设。通过对我国2003～2013年沪深两市A股上市公司进行研究，结果表明，较高的会计信息质量对企业技术创新存在显著的正向影响，通过使用滞后变量来控制内生性问题，依旧支持较高的会计信息质量对企业技术创新存在正向影响的研究结论。

本章研究结论对企业提升会计信息质量和自身技术创新水平均有重要的启示。信息是资本市场运作的中枢，而会计信息是企业对外披露的最关键的信息，会计信息质量的高低直接决定着市场资本配置的效率和效果，本章研究发现，在控制住公司特征和行业特征等因素后，会计信息质量显著正向影响企业技术创新。本章的研究内容从技术创新的角度为投资者和企业对企业进行监管提供了启示。具体体现为：投资者除主要考虑企业特征、治理特征和行业特征因素外，还应将企业的会计信息质量作为重要参考信息予以考虑，从而有助于其对企业的技术创新实力作出更为准确的判断，从而作出正确的决策。对企业而言，提供较高的会计信息质量，有助于减缓企业技术创新实现的相关摩擦，促进企业技术创新的实现。本章从企业技术创新的角度，探究了会计信息质量的积极经济后果，一方面，有助于投资者付出更多努力来监控和督促企业提供较高的会计信息质量；另一方面，有助于提升企业提高自身会计信息质量的积极性。本章也从会计信息质量的角度，探究了影响企业技术创新的新因素，这有助于企业有针对性地克服实现企业技术创新的现实障碍，切实可行地为提升企业技术创新水平付出努力。

3.4 本章小结

本章以代理理论和融资约束理论为基础，就会计信息质量对企业技术创新的影响进行了模型分析和程度检验，阐释了会计信息质量“是否”能够对企业技术创新产生影响。首先，运用数理模型分析法对会计信息质量影响企业技术创新的机理进行分析，并通过 Matlab 进行模拟检验，并提出研究假设；其次，以 2003 ~2013 年我国上市公司数据为样本，对研究假设进行检验。结果表明，会计信息质量对企业技术创新存在显著的正向影响。进一步，控制内生性问题来探究会计信息质量对企业技术创新的影响，也可得出较高的会计信息质量会提升企业技术创新的研究结论。

第 4 章 会计信息质量对企业技术创新影响路径研究

4.1 会计信息质量对企业技术创新影响路径的研究假设

4.1.1 融资路径下会计信息质量对企业技术创新的影响

在完美资本市场条件下，投资者和管理者之间的信息没有差异，他们可以同时获得企业内部关于企业增长机会的信息（Balakrishnan et al.，2014）。一方面，投资者会为企业内部所有有价值的投资项目提供资本；另一方面，企业不存在融资约束，即企业可无摩擦地为其全部有价值的投资项目融集到所需要的资本（Abel，1983；Berle and Means，1991），因此，企业不会因融资约束问题而被迫放弃技术创新。然而，在现实资本市场中，管理者往往比投资者拥有更多企业内部关于企业技术创新的信息。由于管理者与投资者利益存在分歧，当企业内外信息不对称时，管理者会利用信息优势侵占投资者的权益（Stiglitz and Weiss，1981）。而投资者为了补偿或避免自身可能存在的风险，则会预先提高资本成本，甚至不为企业提供资本。此时，企业部分技术创新的收益虽然高于其内部资本的成本，但会因受到融资约束的限制而无法全部实现（邓可斌和曾海舰，2014）。特别是由于企业技术创新存在风险高、资本消耗量大、资本回收期长等特性，这些特性均会加强投资者对信息不对称的敏感度（Holmstrom，1989），进而使企业技术创新更易受到融资约束问题的影响。

首先，融资约束问题会直接对企业技术创新产生负向影响。当企业存在融资约束问题时，企业技术创新在开发、示范、推广等阶段很有可能会无法持续稳定地获取充足的资本支持，这意味着企业技术创新很有可能会因缺乏足够的资本投入而被迫中止或放弃（卢馨等，2013）。

其次，融资约束问题会间接对企业技术创新产生负向影响。融资约束问题会提升企业的经营风险（张春景和陈永泰，2013），因而当企业存在融资约束问题时，企业管理者会出于规避经营风险的考虑，扭曲企业投资的“流动性结构”和“风险性结构”（Myers and Mailuf，1984），此时，一方面，企业管理者会更倾向放弃“流动性较差”的投资项目，以提升企业投资结构的“流动性”（Myers and Mailuf，1984）。鉴于企业技术创新会长期占用大量资本从而会降低企业投资结构的“流动性”，企业管理者会对企业技术创新采取更为保守的态度，从而会降低对企业技术创新的投入水平。另一方面，企业管理者会更倾向放弃“风险较高”的投资项目，以提升“安全性”（Myers and Mailuf，1984）。鉴于企业技术创新具有较高的风险从而会提升企业投资结构的“风险性”，企业管理者会对企业技术创新采取规避态度，会降低致力于企业技术创新的积极性。由此可见，融资约束问题会影响企业管理者对企业投资结构的流动性和风险性偏好，进而会间接负向影响企业技术创新。

基于以上分析，提出如下假设：

H4. 1：融资约束问题负向影响企业技术创新。

以往研究表明，金融市场中资本配置主要有两个过程：一是企业外部投资者将资本投入相应的企业；二是企业内部管理将资本投资投入相应的投资项目中。信息不对称使上述资本配置过程存在摩擦（Smith and Stulz，1985），企业面临融资约束的重要原因（Smith and Stulz，1985），而在上述两个单独过程中以及整体过程中，较高会计信息质量均可通过降低信息不对称程度来提高资本配置效率（Biddle and Hilary，2006），进而促进资本与企业技术创新的结合，最终会降低融资约束对企业技术创新的负向影响。

首先，较高的会计信息质量有助于外部投资者将资本有效地投资到相应的企业中。企业内外信息不对称是阻碍企业外部投资者有效地判断企业价值，从而使企业不能够无摩擦地从外部融入资本并面临融资约束的重要原因(Smith and Stulz，1985)。而较高的会计信息质量可以降低投资者与管理者之间的信息不对称程度，有助于投资者更准确地掌握企业的内部信息并准确地对企业进行估值（Biddle and Hilary，2006），由此，可降低管理者因掌握较多内部信息而仅选择在企业的资本被高估时融资的动机，进而可以提高投资者提供资本的意愿并降低向企业索取的资本成本，从而降低融资约束对企业技术创新的负向影响（Biddle et al.，2009）。

其次，较高的会计信息质量有助于提高管理者把资本配置给相应项目的有效性。会计信息质量能够降低企业内外信息不对称程度，使投资者能够对管理者进行更为有效的监控并制定更完善的契约，从而降低委托代理问题和逆向选择问题，进而可降低管理者通过自身信息优势并根据自身利益而非投资者利益进行投资的动机，提高管理者将资本合理配置到有价值投资项目的意愿，最终会降低企业技术创新受到融资约束负向影响的可能性（Biddle and Hilary，2006）。

最后，较高的会计信息质量可以直接提高外部投资者将资本投入到相应项目的有效性。较高的会计信息质量可以降低企业内外信息不对称程度，从而使投资者更准确地直接识别企业内部有价值的投资机会（Biddle et al.，2009）。由于企业技术创新往往比投资项目更难以评估且存在较高的风险，当信息不对称程度降低时，投资者为企业技术创新提供资本的意愿的边际增量会更高，进而会降低融资约束对企业技术创新的负向影响。

结合以上讨论，形成如下假设：

H4.2：较高的会计信息质量可通过缓解融资约束问题路径对企业技术创新发挥正向影响。

4.1.2 治理路径下会计信息质量对企业技术创新的影响

4.1.2.1 第一类代理问题下会计信息质量对企业技术创新的影响

首先，从企业技术创新的风险角度来看，管理者和投资者对风险持有不对称的态度，这表现为管理者比投资者对企业技术创新拥有较高的风险厌恶态度。一方面，投资者在同一时点上可以通过把资本投资于“多家企业”以赚取投资组合的收益，只要投资组合包括的标的企业数量足够多，就可将非系统性风险分散。因此，理论上，对于投资组合中的其中一家企业，投资者往往更关注其盈利能力以及长远发展能力，而非该家企业的风险。另一方面，与投资者可以在同一时间点通过投资于“多家企业”获利不同，管理者在同一时间点往往仅能够受雇于“一家企业”，即管理者具备较高的不可分散的雇佣风险。因此，企业技术创新的风险与管理者的风险密切相关，管理者对企业技术创新具备较高的风险规避态度（Stein，1988）。

其次，从企业技术创新的收益角度来看，管理者和投资者对收益也持有不对称的态度，具体来说，管理者对企业技术创新收益的偏好程度明显低于投资者对企业技术创新收益的偏好程度，管理者对企业技术创新损失的厌恶程度要高于投资者对企业技术创新风险的厌恶程度。这是因为，若企业技术创新成功，技术创新给企业带来的未来净现金流折现值可较快地通过股票的价格反映出来，在不考虑相关交易费用的前提下，只要投资者持有的股票变现，投资者可获取企业技术创新全部的收益。但管理者只能获取固定的薪酬，以及投资者为激励管理者给予的部分与企业价值增长相关的收益，而非全部与企业价值增长相关的收益。何况，在现实条件下，投资者大多通过企业的“短期”经营业绩来评价管理者的经营行为并进行支付，而企业技术创新行为对企业的“长期”经营业绩有更显著的影响，这进一步降低了管理者薪酬与企业技术创新收益的关系，减弱了管理者对技术创新薪酬的偏好（Lafond and Watts，2008）。若企业技术创新失败，投资者的确要承担与此相关的经济损失，但是只要不出售股票，损失就暂且不会变现；若此次技术创新失败为企业研发团队和企业的其他相关组织积累了经验，会提高该家企业的未来技术创新成功的概率。但是，企业技术创新失败却可能给管理者带来不仅是经济损失，还有可能是降职、被解雇以及未来求职困难的损失。

通过上述分析可知，管理者和投资者在企业技术创新方面存在利益分歧，无论是从企业技术创新的风险还是收益来看，管理者均存在规避企业技术创新的强烈动机。而直接参与企业经营，又为管理者根据自身利益实际放弃企业技术创新机会提供了机会（Holmstrom，1989）。由此提出如下假设：

H4.3：第一类代理问题会负向影响企业技术创新。

首先，较高的会计信息质量可直接提高投资者对管理者约束的有效性，从而可以降低第一类代理问题对企业技术创新的限制。一方面，在管理者作与企业技术创新有关的决策之前，较高的会计信息质量能够加强投资者对管理者的监管力度，从而可以限制管理者的机会主义行为，使管理者的投资行为更符合投资者的利益诉求（Shleifer and Vishny，1986），从而降低管理者为规避风险而放弃企业技术创新的可能性。另一方面，在管理者作出与企业技术创新有关的决策之后，较高的会计信息质量能够为投资者提供管理者是否按投资者的意愿进行作出企业技术创新决策的较为可靠的事实证据，由于管理者存在决策后来自投资者的监管压力，管理者事前放弃企业技术创新的可能性就会下降。

其次，较高的会计信息质量可提高对管理者激励的有效性，从而可有效地降低第一类代理问题对企业技术创新的限制。一方面，较高的会计信息质量可降低信息不对称程度，可让投资者更清楚地认识企业内部的技术创新等有价值的投资机会，并更客观地评价造成企业技术创新损失的主观原因和客观原因，从而能更有效地评价管理者为企业技术创新付出的努力并对此进行激励。另一方面，较高的会计信息质量可加强管理者薪酬契约的激励效率（Bushman and Smith，2001），让管理者可更大程度地分享企业技术创新的成果，增强管理者对企业技术创新等有价值的项目的偏好程度，提高管理者追求企业技术创新等高收益高价值项目的积极性。

基于以上分析可知，较高的会计信息质量能够有效地约束管理者出于自利动机放弃企业技术创新的行为，并可提高对管理者致力于企业技术创新行为的激励的有效性。由此提出如下假设：

H4.4：较高的会计信息质量可通过治理第一类代理问题路径对企业技术创新发挥正向影响。

4.1.2.2 第二类代理问题下会计信息质量对企业技术创新的影响

首先，从企业技术创新的风险角度看，大股东和小股东对风险持有不对称的态度，这表现为大股东比小股东对企业技术创新拥有较高的风险厌恶态度。大股东持有单家企业较高比例的股票，而较高的持股比例会伴随着与单家公司相关的较高的不可分散风险，大股东基于自身利益而非小股东利益，会放弃企业技术创新等高风险项目。

其次，从企业技术创新的收益来看，大股东和小股东对收益偏好的程度也不对称。这体现为，要保证从企业技术创新的思想产生到企业技术创新的实现，从企业技术创新的实现到转化为企业价值，大股东往往会付出较多的时间进行规划和管理，在此过程中，大股东需要付出较多的精力和较高的成本。由于小股东并不具备管理的条件，与大股东相比，小股东为管理和监督企业付出的成本相对较小，然而小股东却可以“搭便车”，即小股东并未付出与其持股比例对应的成本，却享有对应比例的企业技术创新的成果，这会进一步降低大股东关注企业技术创新的积极性。

最后，大股东和小股东之间的代理问题往往是通过大股东直接侵占小股东的权益体现出来，这会严重限制企业技术创新。在现实条件中，大股东大多是通过直接转移企业内部资产的方式来侵占小股东的权益，而不是通过企业技术创新等有价值项目的建设来获取收益，一方面，会直接削弱企业技术创新的动机和能力；另一方面，小股东出于自身资本和投资收益可能被严重侵占的考虑，倾向通过企业的短期经营指标对企业价值进行评判（Van，1993；卢闯等，2010），即小股东仅关心短时间内是否能够获益而并不重视企业的长远发展，此时，市场中分散的小股东更有可能具备投机型投资者而非价值型投资者属性。当大股东和小股东都不关注企业技术创新能力时，这会严重地削弱企业实施技术创新的积极性。

结合以上讨论，形成如下假设：

H4.5：第二类代理问题会限制企业技术创新。

会计信息质量越高，企业技术创新因第二类代理问题而被放弃的可能性就越小。这主要体现为：会计信息质量有助于降低大股东侵占小股东权益的程度（王文甫等，2014），并可强化小股东的价值型投资者属性，进而有助于企业技术创新。首先，较高的会计信息质量可降低大股东和小股东之间的信息不对称程度，因而可降低大股东出于自身利益而干预企业正常经营活动的动机，以降低大股东因自身利益而迫使企业放弃技术创新项目的可能性。其次，较高的会计信息质量可为小股东提供大股东侵占企业资产的有力证据，从而缩小大股东从企业中获取利益的范围，迫使大股东寻求更广泛的获利空间，转而更关注企业技术创新能力和长远发展实力。最后，当大股东侵占小股东的权益的动机和空间均较小时，小股东才有动力从投机型投资者转化为价值型投资者，小股东才可能会更加关注企业技术创新等有助于企业价值长期增长但短期内较难获益的项目。

由此，提出如下假设：

H4.6：较高的会计信息质量可通过治理第二类代理问题路径对企业技术创新发挥正向影响。

4.1.3 投资路径下会计信息质量对企业技术创新的影响

资本天生具备“逐利”的属性，“逐”意味着资本往往处于不断流动的状态，“利”则指明了资本流动的方向，即资本是向更高价值的方向流动。由帕累托最优状态的“资本边际收益率均一化”准则可知，企业内部资本配置效率要达到最优，资本就必然会从边际收益率较低的项目流动到边际收益率较高的项目；企业内部资本配置达到最优的过程，就是各个项目的边际收益率差异不断缩小的过程；当企业内部的资本配置效率达到最优时，各个投资项目的边际收益率也应该是相等的，且各个投资项目的边际收益率应该等于资本的边际收益率。由此可知，当企业内部资本配置达不到最优状态时，至少有一个投资项目的边际收益率不等于资本的边际收益率。这意味着至少有一个投资项目的边际收益率低于（或高于）资本的边际收益率。当一个投资项目的边际收益率低于资本边际收益率，则意味着该投资项目存在过度投资的低效率资本配置状态，即削减对该项目的投资反而会增加企业价值，此时存在过度投资的低效率投资问题。当一个投资项目的边际收益率高于资本边际收益率，则意味着该投资项目存在投资不足的低效率资本配置状态，即对该投资项目继续追加资本投资会提升企业价值，此时存在投资不足的低效率投资问题。综前所述，可知资本配置效率达不到最优时，企业会存在过度投资和投资不足两种低效率投资问题。

4.1.3.1 过度投资问题下会计信息质量对企业技术创新的影响

过度投资是企业资源配置扭曲的重要体现之一，过度投资会进一步迫使资本无法有效地配置到企业技术创新中。这主要是由以下原因造成的。

（1）过度投资会挤占用于企业技术创新的有形资本。首先，在产生过度投资的期间，过度投资会占用大量的物质资源，消耗企业有限的有形资本，从而会对企业技术创新有形资本的投入产生“挤出效应”。其次，在过度投资产生之后：一方面，企业已吸纳了更多的冗余人员，这会加大企业后期的资本开支。另一方面，对于资本的粗放型配置和固定资产的过度投资是我国企业投资低效率的表现形式，这会导致我国企业存在“产能过剩”问题。王文甫等（2014）认为，我国企业产能过剩是以“周期性”和“非周期性”两种形式“长期性”存在。这也就意味着，过度投资会通过诱发“产能过剩”而在长期内对企业的后续经营会产生干扰。例如，江飞涛等（2012）的研究表明，与过度投资相关的“产能过剩”会长期导致企业的利润下降、亏损增加。可见，过度投资不仅在形成时挤占企业技术创新的有形资本，而且会在形成之后长期降低可用于企业技术创新的有形资本。

（2）过度投资会挤占用于企业技术创新的无形资本。基于“注意力经济”理论可知，所有人的注意力都是稀缺资源（Lanham，2006），而管理者作为企业运营团队的核心，与普通员工相比，管理者的注意力是更为稀缺的资源。管理者对企业各项投资付出努力的过程也是配置自身注意力的过程，管理者是否能够有效地利用自身的注意力这一稀缺的无形资本资源，对于企业技术创新的实现至关重要。由于过度投资会占用管理者大量的注意力，过度投资必然会挤占并转移企业管理者对企业技术创新的注意力，这会导致企业技术创新得不到管理者足够的关注和重视，从而会导致企业技术创新积极性和企业技术创新效率的下降（袁建国等，2015）。

（3）基于“管理者防御”理论可知，过度投资会加强管理者防御机制，降低管理者进行企业技术创新的积极性。一方面，由于企业更换管理者，新聘任的管理者需要对企业的投资项目有较长的了解过程，而这就伴随着企业更换管理者的成本，且企业的规模越大，新聘任的管理者对企业的了解过程就越长，转换管理者的难度就越高。过度投资可以较快地扩建企业的规模，增强企业现有管理者人力资本的专有性，增加企业解雇现有管理者的成本，从而会提升管理者维持当前职位的能力，并增加管理者与投资者讨价还价的筹码。另一方面，过度投资会因扩大企业规模而提高企业管理者在企业内外部的影响力，这反而会增加企业管理者在内部的晋升机会，并为企业管理者未来的求职奠定声誉基础。可见，过度投资会强化管理者防御机制，使管理者的职位变得更加“安全”，这会直接降低管理者致力于企业技术创新等有价值有挑战性的投资项目的动力，并且也会间接通过提高管理者对投资者的议价能力促使管理者对企业技术创新投资较低的意愿转变为现实中削减对企业技术创新投资的实际行为。

结合以上讨论，形成如下假设：

H4.7：过度投资会抑制企业技术创新。

较高的会计信息质量对过度投资的影响可以分为两个方面。

一是较高的会计信息质量可以降低过度投资的初始投入。较高的会计信息质量具备治理功能，能够降低企业内外的信息不对称程度，从而能够使监管机构和投资者对管理者的投资决策进行有效的监控，迫使管理者放弃低质量的投资项目。较高的会计信息质量能够显著地降低道德风险问题，从而可以降低企业的过度投资程度（Biddle et al.，2009）。即使是在新兴国家中，较高的会计信息质量也依旧可以减少过度投资程度（Chen et al.，2011）。李青原（2009）采用我国企业的数据进行研究，发现较高的会计信息质量能够有效改善企业过度投资的低效率投资状况。

二是较高的会计信息质量要求管理者及早确认可能存在亏损的项目的损

失，这会提高企业放弃边际收益率过低甚至为负的投资项目的及时性，从而能够限制管理者盲目扩大企业规模的行为，进而降低企业过度投资的程度（Ball and Shivakumar，2005；韩静等，2014）。因此，较高的会计信息质量能够降低企业技术创新因过度投资而被挤出的可能性。

结合以上讨论，本书形成如下假设：

H4.8：较高的会计信息质量能够通过降低过度投资程度的路径对企业技术创新发挥正向影响。

4.1.3.2 投资不足问题下会计信息质量对企业技术创新的影响

投资不足是企业资本配置扭曲的另一个重要体现，投资不足也会进一步迫使资本无法有效地配置到企业技术创新中。这是因为：投资不足会诱导资本受风险影响而在投资项目间不按各个投资项目的边际收益率均衡配置，从而会导致资本在技术创新的边际投资收益率高于非技术创新项目的边际收益率时，停止从非技术创新项目转移到技术创新项目，削弱企业技术创新。

虽然投资不足往往是由融资约束问题引起的，但是投资不足对企业技术创新的影响机理与融资约束对企业技术创新的影响机理有很大的差异。这是因为，在企业面临融资约束时，企业投资项目的边际收益率会大于企业内部资本的边际收益率，此时，企业的最佳投资决策应该是各个项目的边际收益率相等，而该收益率不等于内部资本的边际收益率，因此，融资约束问题对企业技术创新的负向影响体现为，企业技术创新的边际收益率大于企业内部资本的边际收益率，但是，融资约束问题本身不能够“直接”导致企业技术创新的边际收益率不等于其他投资项目的边际收益率。然而，投资不足的低效率投资状态却会“直接”导致企业技术创新的边际收益率大于其他投资项目的边际收益率，这是因为，对企业日常项目投资不仅仅关系到企业投资的回报的多少，更关系到企业是否能够正常持续运营，即当企业整体的投资出现投资不足的低效率投资状态时，企业正常运营风险和破产风险均会增加。此时，即使企业将资本投入到非技术创新投资项目的边际收益率要低于企业技术创新，企业也会选择优先将资本投入到维持企业正常运营的投资项目，从而诱使资本受风险干扰而无法按投资项目的边际收益率进行配置，这会导致资本在企业技术创新的边际收益率大于维持企业正常运转投资项目的边际收益率时就停止配置，从而会进一步削弱为企业技术创新提供的资本支持。此外，正是由于投资不足可引发的企业经营风险的提升，因而投资不足同样可能会诱导管理者扭曲企业的“流动性结构”和“风险性结构”，削弱管理者致力于企业技术创新的意愿。

结合以上讨论，形成如下假设：

H4.9：投资不足会抑制企业技术创新。

关于会计信息质量对投资不足的影响，主要有两个理论支撑：管理者短视理论和融资约束理论。基于这两个理论可得出截然相反的结论。

从“管理者短视”理论来看，较高的会计信息质量会要求管理者在可能发生损失时预先确认损失，而只有在确定产生收益时才能确认收益，使得基于企业会计信息的业绩表现被系统性低估，这就会加大管理者的短期经营业绩的压力，从而会促成管理者短视行为的发生，从而会降低管理者为较长的期间才能够实现收益的企业技术创新相关项目付出努力的积极性。可见，基于“管理者短视”理论，较高的会计信息质量会使管理者的投资行为更加谨慎，从而会加剧对企业技术创新的投资不足。

基于“融资约束”理论，大多数学者认为，企业整体的投资不足的低效率投资状况，往往是由融资存在摩擦引起的（Biddle et al.，2009；李青原，2009；Chen et al.，2011）。而关于较高的会计信息质量降低企业融资约束的文献较为丰富，且研究结论较为一致，即较高的会计信息质量能够降低企业的融资约束，这在此前第3章有较充分的阐释。根据这些理论和文献可推测，较高的会计信息质量能够通过降低企业约束的路径降低企业投资不足程度，即可间接推测较高的会计信息质量能够缓解投资不足。也有学者直接证明了会计信息质量可以通过缓解融资约束的路径降低企业投资不足的程度。如当企业的融资能力突然变差时，提供较高的会计信息质量的企业的投资总量下降的程度较低（Balakrishnan et al.，2014）。

结合以上讨论，形成如下假设：

H4.10：较高的会计信息质量可通过降低投资不足程度的路径对企业技术创新发挥正向影响。

H4.11：较高的会计信息质量可通过加大投资不足程度的路径对企业技术创新发挥负向影响。

4.2 实证研究与设计

4.2.1 研究样本与数据来源

以 2003 ~2013 年 A 股上市公司为研究对象。(1) 从国家知识产权局网站手工搜集每家上市公司以专利申请人身份申请的专利数据。(2) 其他企业相关数据来自 CSMAR 数据库和 RESSET 数据库。(3) 剔除了与其他行业有较大程度的差异的金融行业。(4) 对资产规模等连续变量进行了 1% 分位及 99% 分位处理。(5) 剔除了相关研究变量数据缺失的公司的数据。

4.2.2 变量定义与实证模型设计

本章对企业技术创新和会计信息质量的定义和度量与第 3 章保持一致，通过企业申请的专利总数加 1 之后的对数和企业申请的发明专利总数加 1 之后的对数来测量企业技术创新，通过会计信息质量综合属性的算数平均值来测量会计信息质量。

投资对现金流的敏感度可能表示的是融资约束的影响，也可能是过量现金流的影响（Kaplan and Zingales，1997）。为避免这种测量方法的不足，卡普兰和津加莱斯（Kaplan and Zingales，1997）综合考虑融资约束多方面相关因素提出了融资约束指数（*KZ* 指数）。该指数也被我国学者采用，如曾颖和陆正飞（2007）、孙伍琴和王培（2013）的研究。本书主要根据 *KZ* 指数来衡量融资约束。*KZ* 指数值越大表示融资约数程度越高。其计算方法如模型（4.1）所示，其中，*Qibdp* 指息税前利润，*Size* 指企业规模的自然对数，*Growth* 指企业的增长速度，*Dlc* 指短期借款总额，*Dltt* 指长期借款总额，*Div* 指股利分配总额，*Cash* 指现金持有量。

$$KZ = -1.002 \times Qibdp/Size + 0.283 \times Growth + 3.319 \times (Dlc + Dltt)/Size - 39.368 \times Div/Size - 1.315 \times Cash/Size \quad (4.1)$$

第一类代理问题的度量采用管理费用率（管理费用占主营业务收入的比例）度量（Ang et al.，2007；徐寿福和徐龙炳，2015）。管理费用是企业管理者为了从事企业经营活动而发生的收支项目，包括办公费、差旅费、业务招待费等多项内容，能够反映管理者在职消费和不当开支等代理成本，因而可用来作为度量管理者和投资者之间的代理问题的依据（姜付秀等，2009）。第二类代理问题的度量是借鉴以往徐寿福和徐龙炳（2015）的研究，通过其他应收款占总资产的比例来度量。这是因为其他应收账款能够表明大股东侵占上市企业资本的程度，因而可被用来作为度量大股东和小股东之间的代理问题的依据。

鉴于 Richardson 模型能够直接测量出企业层面特定年度的投资效率，Richardson 模型被广泛用于度量企业的投资效率（Richardson，2006）。本书也采用 Richardson 模型来度量企业的投资效率（过度投资程度和投资不足程度），如模型（4.2）所示。其中，通过资本投资总额与总资产的比值（*Inv*）为企业的实际投资额，因变量包括销售额增长率（*Growth*）、资产负债率（*Lev*）、上市年限（*Listy*）、现金持有量（*Cash*）、盈利能力（*ROA*）、前一期的资本投资总额与总资产的比值（*Inv_lag*）、行业和年度虚拟变量（*Ind* 和 *Year*）等。

$$Inv_{i,t} = \alpha_0 + \alpha_1 Growth_{i,t} + \alpha_2 Lev_{i,t} + \alpha_3 Listy_{i,t} + \alpha_4 Cash_{i,t} + \alpha_5 Size_{i,t} + \alpha_6 ROA_{i,t} + \alpha_7 Inv\_lag_{i,t} + \sum Ind + \sum Year + \varepsilon_{i,t} \quad (4.2)$$

具体步骤为：计算模型（4.1）的残差，该残差表示企业的理想投资总额和实际投资总额的差异，若该差异的绝对值越高，则表明企业的实际投资总额偏离理想投资总额的差异越大，即企业的投资效率越低；若企业的实际投资总额要高于企业的理想投资总额，则说明企业存在过度投资的低投资效率状况，且该差异越大则说明过度投资程度越高；若企业的实际投资总额要低于企业的理想投资总额，则该差异越大表示投资不足程度越高。

按照巴伦和肯尼（Baron and Kenny，1987）的四步骤法检验的融资约束问题、代理问题和低投资效率问题的中介效应，从而分别检验融资路径下、治理路径下和投资路径下会计信息质量对企业技术创新发挥的影响。

首先，检验会计信息质量是否能够通过缓解融资约束的路径来提升企业技术创新。具体分为以下四步。

第一步，检验会计信息质量对企业技术创新的影响是否显著，见模型（4.3）。其中，控制了企业规模（*Size*）、资产负债率（*Lev*）、独立董事比例（*Indi*）、国有股份比例（*State*）、行业竞争程度（*HHI*）、上市年限（*Listy*）、行业类型（*Ind*）和年份（*Year*）的影响。若模型（4.3）中 α_1 显著，则进行第二步。

$$Inov0_{i,t}(Inov1_{i,t}) = \alpha_0 + \alpha_1 AQ_{i,t} + \alpha_2 Size_{i,t} + \alpha_3 Lev_{i,t} + \alpha_4 Indi_{i,t} + \alpha_5 State_{i,t} + \alpha_6 HHI_{i,t} + \alpha_7 Listy_{i,t} + \sum Ind + \sum Year + \varepsilon_{i,t} \quad (4.3)$$

第二步，检验会计信息质量对融资约束问题的影响是否显著，见模型（4.4）。据邓可斌和曾海舰（2014）的研究，影响融资约束问题的因素有财务、治理和其他特征。财务特征包括资产负债率（*Lev*）。治理特征反映了公司的治理水平，对融资约束来说，国有股权比例（*State*）以及其与银行关系（*Bank*）对其影响最大。这主要是因为，国有股权比例越高的企业，越有较高的可能从政府或者银行获得资本资源；企业与银行的联系越紧密，则同样可以较易从银行获得较长期限、资本成本较低且规模更大的资本资源。其他特征包括公司规模（*Size*）、行业竞争程度（*HHI*）、行业（*Ind*）、年份（*Year*）等因素。

$$KZ_{i,t} = \beta_0 + \beta_1 AQ_{i,t} + \beta_2 Size_{i,t} + \beta_3 Lev_{i,t} + \beta_4 HHI_{i,t} + \beta_5 State_{i,t} + \beta_6 Bank_{i,t} + \beta_7 Listy_{i,t} + \sum Ind + \sum Year + \varepsilon_{i,t} \quad (4.4)$$

第三步，检验融资约束问题对企业技术创新的影响是否显著，见模型（4.5）。

$$Inov0_{i,t}(Inov1_{i,t}) = \lambda_0 + \lambda_1 KZ_{i,t} + \lambda_2 Size_{i,t} + \lambda_3 Lev_{i,t} + \lambda_4 Indi_{i,t} + \lambda_5 State_{i,t}$$

$$+\lambda_6 HHI_{i,t}+\lambda_7 Listy_{i,t}+\sum Ind+\sum Year+\varepsilon_{i,t} \quad (4.5)$$

第四步，检验融资约束问题在会计信息质量与企业技术创新的关系中是否发挥了中介效应。将融资约束问题与会计信息质量同时纳入企业技术创新的回归模型中，见模型（4.6）。根据温忠麟等（2004）进行中介效应检验。

$$Inov0_{i,t}(Inov1_{i,t})=\gamma_0+\gamma_1 AQ_{i,t}+\gamma_2 KZ_{i,t}+\gamma_3 Size_{i,t}+\gamma_4 Lev_{i,t}+\gamma_5 Indi_{i,t}+\gamma_6 State_{i,t}+\gamma_7 HHI_{i,t}+\gamma_8 Listy_{i,t}+\sum Ind+\sum Year+\varepsilon_{i,t} \quad (4.6)$$

其次，检验会计信息质量是否能够通过缓解代理问题来提升企业技术创新。具体分为以下四步。

第一步，检验会计信息质量对企业技术创新的影响是否显著，见模型（4.7）。在控制变量中，控制了公司规模（*Size*）、资产负债率（*Lev*）、独立董事比例（*Indi*）、国有股份比例（*State*）、行业竞争程度（*HHI*）和上市年限（*Listy*）等影响企业技术创新的关键因素。若模型（4.7）中 α_1 显著，则进行第二步。

$$Inov0_{i,t}(Inov1_{i,t})=\alpha_0+\alpha_1 AQ_{i,t}+\alpha_2 Size_{i,t}+\alpha_3 Lev_{i,t}+\alpha_4 Indi_{i,t}+\alpha_5 State_{i,t}+\alpha_6 HHI_{i,t}+\alpha_7 Listy_{i,t}+\sum Ind+\sum Year+\varepsilon_{i,t} \quad (4.7)$$

第二步，检验会计信息质量对代理问题的影响是否显著，见模型（4.8）。其中，*AC*1 表示第一类代理问题，*AC*2 表示第二类代理问题，在控制变量中，控制了资产负债率（*Lev*）、独立董事比例（*Indi*）、国有股份比例（*State*）、销售额增长率（*Growth*）、行业竞争程度（*HHI*）、上市年限（*Listy*）和有形资产比例（*PPE*）等影响代理问题的关键因素。

$$AC1_{i,t}(AC2_{i,t})=\beta_0+\beta_1 AQ_{i,t}+\beta_2 Lev_{i,t}+\beta_3 Indi_{i,t}+\beta_4 State_{i,t}+\beta_5 HHI_{i,t}+\beta_6 Listy_{i,t}+\beta_7 PPE_{i,t}+\beta_8 Growth_{i,t}+\sum Ind+\sum Year+\varepsilon_{i,t} \quad (4.8)$$

第三步，检验代理问题对企业技术创新的影响是否显著，见模型（4.9）。

$$Inov0_{i,t}(Inov1_{i,t}) = \lambda_0 + \lambda_1 AC1_{i,t}(AC2_{i,t}) + \lambda_2 Size_{i,t} + \lambda_3 Lev_{i,t} + \lambda_4 Indi_{i,t} + \lambda_5 State_{i,t} + \lambda_6 Growth_{i,t} + \lambda_7 HHI_{i,t} + \lambda_8 Listy_{i,t} + \sum Ind + \sum Year + \varepsilon_{i,t} \quad (4.9)$$

第四步，检验代理问题在会计信息质量与企业技术创新的关系中是否发挥了中介效应。将代理问题与会计信息质量同时纳入回归模型中，见模型（4.10）。然后，根据温忠麟等（2004）的检验方法进行中介效应检验。

$$Inov0_{i,t}(Inov1_{i,t}) = \gamma_0 + \gamma_1 AQ_{i,t} + \gamma_2 AC1_{i,t}(AC2_{i,t}) + \gamma_2 Size_{i,t} + \gamma_3 Lev_{i,t} + \gamma_4 Indi_{i,t} + \gamma_5 State_{i,t} + \gamma_6 HHI_{i,t} + \gamma_7 Listy_{i,t} + \sum Ind + \sum Year + \varepsilon_{i,t} \quad (4.10)$$

最后，检验会计信息质量是否能够通过提升投资效率来促进企业技术创新。具体分为以下四步。

第一步，检验会计信息质量对企业技术创新的影响是否显著。见模型（4.11）。在控制变量中，控制了公司规模（*Size*）、资产负债率（*Lev*）、独立董事比例（*Indi*）、国有股份比例（*State*）、行业竞争程度（*HHI*）和上市年限（*Listy*）等影响企业技术创新的关键因素。

$$Inov0_{i,t}(Inov1_{i,t}) = \alpha_0 + \alpha_1 AQ_{i,t} + \alpha_2 Size_{i,t} + \alpha_3 Lev_{i,t} + \alpha_4 Indi_{i,t} + \alpha_5 State_{i,t} + \alpha_6 HHI_{i,t} + \alpha_7 Listy_{i,t} + \sum Ind + \sum Year + \varepsilon_{i,t} \quad (4.11)$$

第二步，检验会计信息质量对低投资效率（过度投资程度、投资不足程度）的影响是否显著。影响投资效率的因素有规模特征、财务特征、治理特征和行业特征。规模特征包括企业规模（*Size*）、财务特征包括资产负债率（*Lev*）、治理特征包括国有股权比例（*State*）、行业特征包括行业竞争程度（*HHI*）。

$$Ininv_{i,t}(Ovinv_{i,t}\text{和}Uninv_{i,t}) = \beta_0 + \beta_1 AQ_{i,t} + \beta_2 Size_{i,t} + \beta_3 Lev_{i,t} + \beta_4 State_{i,t} + \beta_5 HHI_{i,t} + \beta_6 Listy_{i,t} + \sum Ind + \sum Year + \varepsilon_{i,t} \quad (4.12)$$

第三步，检验低投资效率（过度投资程度、投资不足程度）对企业技术创新的影响是否显著。

$$Inov0_{i,t}(Inov1_{i,t}) = \lambda_0 + \lambda_1 Ininv_{i,t}(Ovinv_{i,t} \text{ 和 } Uninv_{i,t}) + \lambda_2 Size_{i,t} + \lambda_3 Lev_{i,t} + \lambda_4 Indi_{i,t} + \lambda_5 State_{i,t} + \lambda_6 HHI_{i,t} + \lambda_7 Listy_{i,t} + \sum Ind + \sum Year + \varepsilon_{i,t} \quad (4.13)$$

第四步，检验低投资效率（过度投资程度、投资不足程度）是否在会计信息质量与企业技术创新的关系中发挥了中介效应。首先，将低投资效率（过度投资程度、投资不足程度）与会计信息质量同时纳入企业技术创新的回归模型中，见模型（4.14）。然后，据温忠麟等（2004）进行中介效应检验。

$$Inov0_{i,t}(Inov1_{i,t}) = \gamma_0 + \gamma_1 AQ_{i,t} + \gamma_2 Ininv_{i,t}(Ovinv_{i,t} \text{ 和 } Uninv_{i,t}) + \gamma_3 Size_{i,t} + \gamma_4 Lev_{i,t} + \gamma_5 Indi_{i,t} + \gamma_6 State_{i,t} + \gamma_7 HHI_{i,t} + \gamma_8 Listy_{i,t} + \sum Ind + \sum Year + \varepsilon_{i,t} \quad (4.14)$$

各变量定义如表 4.1 所示。

表 4.1　　变量定义表

变量名称	变量	变量说明	文献依据
企业技术创新	*Inov0*	发明专利、外观设计以及实用新型总申请量与 1 之和的对数	Tian and Wang（2014）
企业技术创新	*Inov1*	发明专利申请量与 1 之和的对数	Tan et al.（2015）
会计信息质量	*AQ*	会计信息质量综合属性的算数平均值	Ecker et al.（2006）和李青原（2009）
融资约束	*KZ*	KZ 指数	Kaplan and Zingales（1997）
第一类代理问题	*AC1*	管理费用与主营业务收入比值	Ang et al.（2000）
第二类代理问题	*AC2*	其他应收款占总资产的比例	徐寿福和徐龙炳（2015）
低投资效率程度	*Ininv*	实际投资总额偏离理想投资总额的值	Richardson（2006）
过度投资程度	*Ovinv*	实际投资总额高于理想投资总额的值	Richardson（2006）
投资不足程度	*Uninv*	实际投资总额低于理想投资总额的值	Richardson（2006）
公司规模	*Size*	总资产的对数	柳建华（2009）

续表

变量名称	变量	变量说明	文献依据
资产负债率	*Lev*	总负债与总资产的比值	He and Tian（2013）
独立董事比例	*Indi*	独立董事人数占董事会总人数的比重	袁建国等（2015）
国有股份比例	*State*	公司国有股与公司总股数的比值	李泽广和马泽昊（2013）
行业竞争程度	*HHI*	以销售额为基础计算的赫芬达尔－赫希曼指数	He and Tian（2013）
上市年限	*Listy*	观测年份减去企业上市年份加 1 的自然对数	李延喜等（2015）
销售额增长率	*Growth*	（本期销售额－上期销售额）/上期销售额	付文林和赵永辉（2014）
盈利能力	*ROA*	资产收益率	朴哲范和肖赵华（2015）
行业类型	*Ind*	行业虚拟变量	He and Tian（2013）
年份	*Year*	年度虚拟变量	He and Tian（2013）

上述内容中提及的温忠麟等（2004）的中介效应检验方法如图 4.1 所示。

首先，检验系数 α_1 是否显著，若 α_1 显著则继续，否则停止检验。其次，检验系数 β_1 和 λ_2 是否显著。若 β_1 和 λ_2 至少有一个不显著，则需要做 *Sobel* 检验进行判断。若 β_1 和 λ_2 均显著，则检验 λ_1 是否显著，若 λ_1 显著，则说明融资约束问题（代理问题或投资效率问题）发挥的中介效应显著且融资约束（代理问题或投资效率问题）发挥的是部分中介效应；若 λ_1 不显著，则说明融资约束问题（代理问题或投资效率问题）发挥的中介效应显著且融资约束问题（代理问题或投资效率问题）发挥的是完全中介效应。

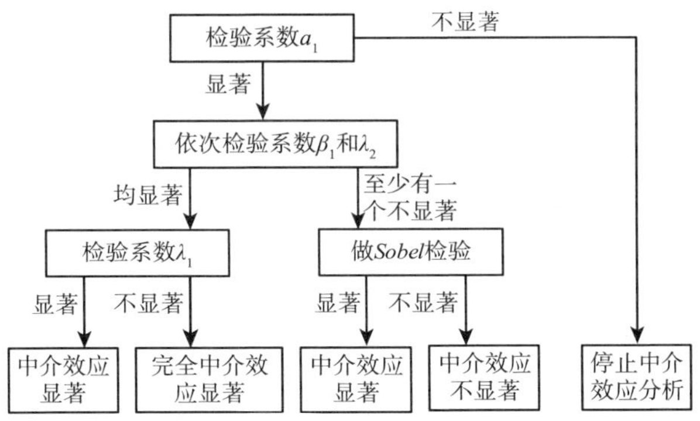

图 4.1　中介效应检验程序

资料来源：温忠麟等（2004）。

4.3 实证结果分析与讨论

4.3.1 描述性统计分析

首先，对变量进行描述性统计，见表4.2。从表4.2可以看出：(1) 通过企业申请的专利数量总量与1之和的对数来度量企业技术创新（*Inov*0），企业技术创新的均值为0.755，最小值为0，最大值为8.529，方差达1.311；通过企业申请的发明专利数量总量与1之和的对数来度量企业技术创新（*Inov*1），企业技术创新的均值为0.458，最小值为0，最大值为8.465，方差达0.957。(2) 融资约束问题最小值为－7.847，最大值为21.047。(3) 第一类代理问题的最小值为0.006，最大值为1.368；第二类代理问题的最小值为0.042，最大值为2.710。(4) 低效率投资问题的最小值为0，最大值为0.737；过度投资程度的最小值为0，最大值为0.696；投资不足程度的最小值为0，最大值为0.737。

表4.2　　变量的描述性统计结果

变量	均值	方差	最小值	最大值
*Inov*0	0.755	1.311	0	8.529
*Inov*1	0.458	0.957	0	8.465
AQ	50.571	28.867	1	100
KZ	1.611	1.335	－7.847	21.047
*AC*1	0.100	0.115	0.006	1.368
*AC*2	0.682	0.463	0.042	2.710
Ininv	0.053	0.068	0.000	0.737
Ovinv	0.059	0.075	0.000	0.696
Uninv	0.048	0.062	0.000	0.737
Size	21.492	1.058	18.809	25.183
Lev	0.529	0.265	0	5.692

续表

变量	均值	方差	最小值	最大值
Indi	0.348	0.064	0	0.667
State	22.756	23.968	0	75.902
Growth	0.200	0.468	-0.735	4.739
ROA	0.0185	0.135	-3.571	1.756
HHI	0.041	0.057	0.007	0.852
Listy	2.322	0.357	0.693	3.135

4.3.2 分组检验

根据会计信息质量不同对企业进行分组检验，见表 4.3。

表 4.3　主要变量的分组检验

变量	*AQC* = 1 组均值	*AQC* = 0 组均值	均值差异	T 检验
*Inov*0	0.8418	0.6689	0.1729 ***	6.0932
*Inov*1	0.5110	0.4052	0.1057 ***	5.0981
KZ	1.4071	1.8145	-0.4074 ***	-14.3140
*AC*1	0.0835	0.1168	-0.0333 ***	-14.1854
*AC*2	0.6613	0.7022	-0.0409 ***	-4.0097
Ininv	0.0522	0.0537	-0.0014 **	-2.4579
Ovinv	0.0587	0.0597	-0.0010 **	-2.3936
Uninv	0.0468	0.0491	-0.0023 ***	-2.6565
Size	21.0311	21.9529	-0.9218 ***	-24.6841
Lev	0.4731	0.5849	-0.1118 ***	-19.9907
Indi	0.3455	0.3505	-0.0049 ***	-3.5218
State	24.7366	19.5651	5.1715 ***	10.0173
Growth	0.2121	0.1870	0.0251 ***	2.5814
ROA	0.0313	0.0067	0.0246 ***	8.5557
HHI	0.0385	0.0428	-0.0033 ***	-3.0985
Listy	2.2776	2.3664	-0.0888 ***	-11.481

注：***、** 分别表示至少在 1%、5% 的显著性水平上显著。

首先，对企业技术创新（*Inov*0 和 *Inov*1）进行检验，根据会计信息质量高低进行分组（会计信息质量大于或等于中间值则记为较高会计信息质量组 *AQC* =1，会计信息质量低于中间值则记为较低会计信息质量组 *AQC* =0），结果显示，通过企业申请的专利数量总量与 1 之和的对数来度量企业技术创新（*Inov*0），较高会计信息质量组（*AQC* =1）的企业技术创新（*Inov*0）在平均值上比较低会计信息质量组（*AQC* =0）的企业高 0.1729，且至少在 1% 的水平上显著，表明较高的会计信息质量会带来企业技术创新的提升。通过企业申请的发明专利数量总量与 1 之和的对数来度量企业技术创新（*Inov*1），较高会计信息质量组（*AQC* =1）的企业技术创新（*Inov*1）在平均值上比较低会计信息质量组（*AQC* =0）的企业高 0.1058，且至少在 1% 的水平上显著，表明较高的会计信息质量会带来企业技术创新的提升。

其次，对融资约束问题（*KZ*）进行检验，以企业是否提供较高的会计信息质量进行分组，结果显示，较高会计信息质量组（*AQC* =1）的融资约束问题（*KZ*）的均值比较低会计信息质量组（*AQC* =0）的企业低 0.4074，且在 1% 的水平上显著。

再次，对第一类代理问题（*AC*1）进行检验，以企业是否提供较高的会计信息质量进行分组，结果显示，较高会计信息质量组（*AQC* =1）的第一类代理问题（*AC*1）的均值比较低会计信息质量组（*AQC* =0）的企业低 0.0333，且在 1% 的水平上显著；较高会计信息质量组（*AQC* =1）企业的第二类代理问题（*AC*2）的严重程度比较低会计信息质量组（*AQC* =0）的企业低 0.0409，且在 1% 的水平上显著。

最后，对低投资效率（*Ininv*）按会计信息质量高低进行分组检验，结果显示，较高会计信息质量组（*AQC* =1）的企业的低投资效率问题的均值要比较低会计信息质量组（*AQC* =0）的企业低 0.0015，且在 5% 的水平上显著；对过度投资程度（*Ovinv*）按会计信息质量高低进行分组检验，可见较高会计信息质量组（*AQC* =1）的企业的过度投资程度的均值比较低会计信息质量组（*AQC* =0）的企业低 0.001，且在 5% 的水平上显著；对投资不足程度（*Uninv*）按会计信息质量高低来分组检验，结果显示，较高会计信息质量组（*AQC* = 1）的企业的低投资效率问题的均值要比较低会计信息质量组

（$AQC=0$）的企业低0.0023，且在1%的水平上显著。

4.3.3 融资路径下会计信息质量对企业技术创新的影响的检验

表4.4是会计信息质量、融资约束问题与企业技术创新的关系回归结果。第一步，对会计信息质量与企业技术创新的直接相关关系进行检验，见表4.4第（1）列和第（2）列。通过企业申请的专利总量加1的对数和通过企业申请的发明专利总量加1的对数来度量企业技术创新（*Inov*0和*Inov*1），会计信息质量（*AQ*）的系数分别为0.0127和0.0099，并且对应的t值分别为6.196和5.214，即说明会计信息质量的系数均在1%的水平上显著为正，这表明会计信息质量能够显著促进企业技术创新。第二步，对会计信息质量对融资约束问题的影响进行检验，见表4.4第（3）列。结果显示，会计信息质量（*AQ*）的系数为-0.0037，并且对应的t值为-7.900，即说明会计信息质量在1%的水平上显著为负，这表明会计信息质量能够显著缓解企业面临的融资约束问题。第三步，对融资约束问题与企业技术创新的直接相关关系进行检验。相应的检验结果如表4.4的第（4）列和第（5）列所示，通过企业申请的专利总量加1的对数和通过企业申请的发明专利总量加1的对数来度量企业技术创新（*Inov*0和*Inov*1），融资约束问题（*KZ*）的系数分别为-0.2764和-0.1959，并且其对应的t值分别为-9.465和-7.248，即说明融资约束问题的系数均在1%的水平上显著为负，这表明融资约束问题能够显著地抑制企业技术创新，这支持了假设H4.1。第四步，检验融资约束在会计信息质量与企业技术创新的关系中是否发挥了中介效应。由表4.4的第（6）列和第（7）列可知，通过企业申请的专利总量加1的对数和通过企业申请的发明专利总量加1的对数来度量企业技术创新（*Inov*0和*Inov*1），会计信息质量（*AQ*）的系数分别为0.0107和0.0065，对应的t值分别为4.731和3.010，即系数在1%的水平上显著为正；融资约束问题（*KZ*）的系数分别为-0.2026和-0.1715，对应的t值分别为-7.050和-4.325，即分别在1%的水平上显著为负。

表 4.4　　会计信息质量、融资约束问题、企业技术创新

变量	(1) Inov0	(2) Inov1	(3) KZ	(4) Inov0	(5) Inov1	(6) Inov0	(7) Inov1
常数项	-22.0053*** (-25.511)	-20.5160*** (-25.565)	2.4538*** (10.052)	-18.3889*** (-28.661)	-16.8967*** (-27.993)	-20.7825*** (-23.773)	-19.7903*** (-24.245)
AQ	0.0127*** (6.196)	0.0099*** (5.214)	-0.0037*** (-7.900)			0.0107*** (4.731)	0.0065*** (3.010)
KZ				-0.2764*** (-9.465)	-0.1959*** (-7.248)	-0.2026*** (-7.050)	-0.1715*** (-4.325)
Size	0.8255*** (23.238)	0.7893*** (23.631)	-0.1256*** (-14.170)	0.7121*** (27.617)	0.6657*** (27.138)	0.7639*** (21.029)	0.7512*** (21.867)
Lev	-1.1756*** (-8.443)	-1.3274*** (-8.647)	3.7969*** (129.557)	-0.1531 (-0.879)	-0.5495*** (-3.114)	0.1219 (0.533)	-0.5464** (-2.326)
Indi	0.2126 (0.442)	0.1414 (0.319)		0.2035 (0.545)	0.1015 (0.291)	0.2572 (0.536)	0.1705 (0.384)
State	-0.0046*** (-3.089)	-0.0035** (-2.536)	-0.0010*** (-2.943)	-0.0047*** (-4.147)	-0.0040*** (-3.777)	-0.0047*** (-3.220)	-0.0036*** (-2.598)
HHI	2.4325 (1.252)	-0.8610 (-0.426)	0.1001 (0.330)	0.8196 (1.313)	0.2346 (0.382)	2.3748 (1.224)	-0.9679 (-0.478)
Listy	6.5866*** (11.822)	6.3242*** (12.463)	-1.4877*** (-11.324)	1.4137*** (14.093)	1.1105*** (11.962)	6.1442*** (10.958)	6.0699*** (11.873)
Ind	控制	控制	控制	控制	控制	控制	控制
Year	控制	控制	控制	控制	控制	控制	控制
N	10467	10467	10467	10467	10467	10467	10467
R^2	0.1632	0.1827	0.503	0.1575	0.1674	0.1652	0.1836

注：***、** 分别表示至少在1%、5%的显著性水平上显著。

由于，表4.4第（1）列和第（2）列会计信息质量关于企业技术创新（*Inov*0 和 *Inov*1）的系数显著为正，第（3）列会计信息质量（*AQ*）关于融资约束问题的系数显著为负，第（6）列和第（7）列融资约束问题（*KZ*）关于企业技术创新的系数显著为负，根据温忠麟（2004）的研究，可知，融资约束在会计信息质量对企业技术创新发挥影响的过程中，起到了中介作用，即会计信息质量可以通过缓解融资约束的路径来促进企业技术创新，这支持了

假设H4.2。在考虑融资约束后，会计信息质量对企业技术创新的影响依然为负，但影响系数绝对值由表4.4第（1）列和第（2）列中的0.0127和0.0099分别降到了0.0107和0.0065，对应的t值由6.196和5.214下降到4.731和3.010，这意味着，融资约束的加入降低了会计信息质量对企业技术创新的影响，但是并没有完全消除会计信息质量对企业技术创新的影响，根据温忠麟等（2004）的研究，可知，融资约束问题起到了部分中介效应，但不是完全中介效应。

综前所述，会计信息质量可以通过融资路径对企业技术创新发挥正向影响。这可具体体现为：融资约束问题会对企业技术创新产生负向影响，较高的会计信息质量能够降低企业的融资约束问题，融资约束问题在会计信息质量对企业技术创新发挥正向影响的过程中发挥了部分中介效应。

4.3.4 治理路径下会计信息质量对企业技术创新的影响的检验

4.3.4.1 第一类代理问题下会计信息质量影响企业技术创新的回归分析

表4.5是会计信息质量、第一类代理问题与企业技术创新的关系回归结果。第一步，检验会计信息质量对企业技术创新的直接影响，见表4.5的第（1）列和第（2）列。结果显示，通过企业申请的专利总量加1的对数和通过企业申请的发明专利总量加1的对数来度量企业技术创新（*Inov*0和*Inov*1），会计信息质量的系数（*AQ*）分别为0.0123和0.0100，并且它们对应的t值分别为5.202和4.501，即说明会计信息质量的系数均在1%的水平上显著为正，这表明会计信息质量能够显著促进企业技术创新。第二步，对会计信息质量与第一类代理问题的关系进行检验，见表4.5第（3）列，会计信息质量（*AQ*）的系数为-1.1364，对应的t值为-2.001，这说明会计信息质量会显著地降低企业的第一类代理问题。第三步，对第一类代理问题与企业技术创新的直接相关关系进行检验。相应的检验结果如表4.5的第（4）列和第（5）列所示，通过企业申请的专利总量加1的对数和通过企业申请的发明专利总量加1的对数来度量企业技术创新（*Inov*0和*Inov*1），第一类代理问题（*AC*1）

的系数分别为 -0.0257 和 -0.0273，并且对应的 t 值分别为 -2.104 和 -2.217，即说明第一类代理问题的系数均在 5% 的水平上显著为负，这表明第一类代理问题能够显著地抑制企业技术创新，这支持了假设 H4.3。第四步，检验第一类代理问题在会计信息质量与企业技术创新的关系中是否发挥了中介效应。由表 4.5 第（6）列和第（7）列可知，通过企业申请的专利总量加 1 的对数和通过企业申请的发明专利总量加 1 的对数来度量企业技术创新（*Inov*0 和 *Inov*1），会计信息质量（*AQ*）的系数分别为 0.0114 和 0.0089，对应的 t 值分别为 4.189 和 3.491，即系数分别在 1% 的水平上显著为正；第一类代理问题（*AC*1）的系数分别为 -0.0245 和 -0.0258，对应的 t 值分别为 -1.698 和 -1.715，即系数均在 10% 的水平上显著为负。

表 4.5　　会计信息质量、第一类代理问题、企业技术创新

变量	(1) *Inov*0	(2) *Inov*1	(3) *AC*1	(4) *Inov*0	(5) *Inov*1	(6) *Inov*0	(7) *Inov*1
常数项	-18.4421*** (-19.998)	-17.7132*** (-20.516)	-77.6098 (-0.861)	-19.9235*** (-22.508)	-18.8621*** (-22.676)	-18.4093*** (-19.957)	-17.6891*** (-20.484)
AQ	0.0123*** (5.202)	0.0100*** (4.501)	-1.1364** (-2.001)			0.0114*** (4.189)	0.0089*** (3.491)
*AC*1				-0.0257** (-2.104)	-0.0273** (-2.217)	-0.0245* (-1.698)	-0.0258* (-1.715)
Size	0.8158*** (19.249)	0.8047*** (19.990)		0.9224*** (24.571)	0.8887*** (24.750)	0.8143*** (19.209)	0.8037*** (19.958)
Lev	-1.2277*** (-7.275)	-1.5453*** (-7.997)	-0.0340 (-1.364)	-1.3794*** (-8.248)	-1.7414*** (-9.144)	-1.2169*** (-7.199)	-1.5397*** (-7.954)
Ind	0.4178 (0.722)	0.4645 (0.866)	0.0707 (0.911)	0.3312 (0.575)	0.4481 (0.840)	0.4109 (0.709)	0.4615 (0.860)
State	-0.0041** (-2.426)	-0.0034** (-2.176)	-0.0015*** (-6.189)	-0.0040** (-2.399)	-0.0032** (-2.086)	-0.0041** (-2.425)	-0.0034** (-2.177)
HHI	4.0612* (1.723)	-0.2445 (-0.092)	0.4162 (1.627)	3.7627 (1.598)	-0.3413 (-0.129)	4.0665* (1.725)	-0.2396 (-0.090)
Listy	-1.0746*** (-10.718)	-0.9958*** (-10.807)	0.0044 (0.274)	-1.1364*** (-11.745)	-1.0399*** (-11.648)	-1.0739*** (-10.712)	-0.9952*** (-10.801)

续表

变量	(1) *Inov0*	(2) *Inov1*	(3) *AC1*	(4) *Inov0*	(5) *Inov1*	(6) *Inov0*	(7) *Inov1*
PPE			-0.0552*** (-11.394)				
Growth			-0.0188** (-2.268)				
Ind	控制	控制	控制	控制	控制	控制	控制
Year	控制	控制	控制	控制	控制	控制	控制
N	7583	7583	7583	7583	7583	7583	7583
R^2	0.1563	0.1765	0.164	0.1565	0.1767	0.1592	0.1766

注：***、**和*分别表示至少在1%、5%以及10%的显著性水平上显著。

由于在表4.5第（1）列和第（2）列中会计信息质量关于企业技术创新的系数显著为正，在第（3）列会计信息质量（*AQ*）关于第一类代理问题的系数显著为负，在表4.5第（6）列和第（7）列中第一类代理问题（*AC1*）的系数显著为负，根据温忠麟等（2004）的研究可知，第一类代理问题在会计信息质量对企业技术创新的发挥影响过程中，起到了中介作用，这支持了假设H4.4。

在考虑第一类代理问题后，会计信息质量对企业技术创新的影响依然为负，但影响系数绝对值分别由表4.5第（1）列和第（2）列中的0.0123和0.0100降到了0.0114和0.0089，对应的t值由5.202和4.501下降到4.189和3.491，根据温忠麟等（2004）的研究可知，第一类代理问题的加入降低了会计信息质量对企业技术创新的影响，但是并没有完全消除会计信息质量对企业技术创新的正向影响，这意味着第一类代理问题起到了部分中介效应，但不是完全中介效应。

综前所述，会计信息质量可以通过治理路径对企业技术创新发挥正向影响。这可具体体现为：第一类代理问题会对企业技术创新产生负向影响，较高的会计信息质量能够降低企业的第一类代理问题，第一类代理问题在会计信息质量对企业技术创新发挥正向影响的过程中发挥了部分中介效应。

4.3.4.2 第二类代理问题下会计信息质量影响企业技术创新的回归分析

表4.6是会计信息质量、第二类代理问题与企业技术创新的关系回归结果。第一步，对会计信息质量与企业技术创新的直接相关关系进行检验，见表

表4.6 会计信息质量、第二类代理问题、企业技术创新

变量	(1) *Inov0*	(2) *Inov1*	(3) *AC2*	(4) *Inov0*	(5) *Inov1*	(6) *Inov0*	(7) *Inov1*
常数项	-18.4412*** (-19.998)	-17.7127*** (-20.516)	0.3269*** (12.340)	-19.1007*** (-21.246)	-18.0950*** (-21.448)	-17.7704*** (-19.065)	-17.1343*** (-19.657)
AQ	0.0124*** (5.201)	0.0101*** (4.501)	-0.0004*** (-5.523)			0.0113*** (4.691)	0.0089*** (3.491)
AC2				-2.8688*** (-4.500)	-3.1051*** (-4.443)	-2.6735*** (-4.116)	-2.6949*** (-3.857)
Size	0.8158*** (19.249)	0.8047*** (19.990)		0.8802*** (22.892)	0.8490*** (23.151)	0.7846*** (18.302)	0.7777*** (19.125)
Lev	-1.2277*** (-7.275)	-1.5453*** (-7.997)	0.1439*** (5.057)	-1.2016*** (-7.032)	-1.5796*** (-8.167)	-1.0656*** (-6.186)	-1.4149*** (-7.218)
Ind	0.4175 (0.721)	0.4644 (0.866)	0.0164 (0.880)	0.4012 (0.697)	0.5113 (0.957)	0.4776 (0.824)	0.5176 (0.963)
State	-0.0041** (-2.424)	-0.0034** (-2.176)	-0.0001*** (-2.617)	-0.0042** (-2.533)	-0.0034** (-2.220)	-0.0043** (-2.546)	-0.0036** (-2.291)
HHI	4.0579* (1.721)	-0.2467 (-0.093)	-0.1462** (-2.488)	3.5150 (1.500)	-0.4983 (-0.190)	3.8171 (1.627)	-0.3870 (-0.146)
Listy	-1.0747*** (-10.719)	-0.9958*** (-10.808)	0.0029 (1.070)	-1.0921*** (-11.243)	-0.9952*** (-11.099)	-1.0419*** (-10.368)	-0.9638*** (-10.431)
PPE			-0.0123*** (-11.840)				
Growth			0.0049** (2.029)				
Ind	控制	控制	控制	控制	控制	控制	控制
Year	控制	控制	控制	控制	控制	控制	控制
N	7588	7588	7588	7588	7588	7588	7588
R^2	0.1565	0.1767	0.254	0.1578	0.1783	0.1577	0.1779

注：***、**和*分别表示至少在1%、5%以及10%的显著性水平上显著。

4.6的第（1）列和第（2）列。通过企业申请的专利总量加1的对数和通过企业申请的发明专利总量加1的对数来度量企业技术创新（*Inov*0和*Inov*1），会计信息质量（*AQ*）的系数分别为0.0124和0.0101，并且对应的t值分别为5.201和4.501，即均在1%的水平上显著为正，这表明会计信息质量可显著促进企业技术创新。第二步，对会计信息质量与第二类代理问题的关系进行检验，见表4.6的第（3）列，会计信息质量（*AQ*）的系数为－0.0004，对应的t值为－5.523，这说明会计信息质量会显著地降低企业的第二类代理问题。第三步，对第二类代理问题与企业技术创新的直接相关关系进行检验。见表4.6的第（4）列和第（5）列，通过企业申请的专利总量加1的对数来度量企业技术创新或者通过企业申请的发明专利总量加1的对数来度量企业技术创新（*Inov*0和*Inov*1），第二类代理问题（*AC*2）的系数分别为－2.8688和－3.1051，并且对应的t值分别为－4.500和－4.443，即说明第二类代理问题的系数均在1%的水平上显著为负，这表明第二类代理问题能够显著地抑制企业技术创新，该研究结论支持了本书假设H4.5。第四步，检验第二类代理问题在会计信息质量与企业技术创新的关系中是否发挥了中介效应。由表4.6的第（6）列和第（7）列可知，通过企业申请的专利总量加1的对数和通过企业申请的发明专利总量加1的对数来度量企业技术创新（*Inov*0和*Inov*1），会计信息质量（*AQ*）的系数分别为0.0113和0.0089，对应的t值分别为4.691和3.491，即在1%的水平上显著为正；第二类代理问题（*AC*2）的系数分别为－2.6735和－2.6949，对应的t值分别为－4.116和－3.857，即在1%的水平上显著为负。

由于在表4.6第（1）列和第（2）列中会计信息质量关于企业技术创新的系数显著为正，第（3）列会计信息质量关于第二类代理问题的系数显著为负，第（6）列和第（7）列中第二类代理问题关于企业技术创新的系数显著为负，根据温忠麟等（2004）的研究可知，这说明第二类代理问题在会计信息质量对企业技术创新的发挥影响过程中，起到了中介作用，这支持了假设H4.6。

在考虑第二类代理问题后，会计信息质量对企业技术创新的影响依然为正，但影响系数绝对值分别由表4.6第（1）列和第（2）列中的0.0124和

0.0101 降到了 0.0113 和 0.0089，对应的 t 值由 5.201 和 4.501 下降到 4.691 和 3.491，根据温忠麟等（2004）的研究可知，这意味着，第二类代理问题的加入降低了会计信息质量对企业技术创新的正向影响，但没有完全消除会计信息质量对企业技术创新的正向影响，这意味着第二类代理问题起到了部分中介效应，但不是完全中介效应。

综前所述，会计信息质量可以通过治理路径对企业技术创新发挥正向影响。这可具体体现为：第二类代理问题会对企业技术创新产生负向影响，较高的会计信息质量能够降低企业的第二类代理问题，第二类代理问题在会计信息质量对企业技术创新发挥正向影响的过程中发挥了部分中介效应。

4.3.5 投资路径下会计信息质量对企业技术创新的影响的检验

表 4.7 是通过模型（4.2）计算企业投资效率的回归结果。由表 4.7 可知，企业的投资额与前一期的投资额度（*Inv_lag*）呈显著正相关，与资产负债率（*Lev*）显著负相关，与上市年限（*Listy*）呈显著负相关，和企业规模（*Size*）、现金持有量（*Cash*）和盈利能力（*ROA*）呈显著正相关。据表 4.7 的估计系数，计算出企业的最优投资额，然后与企业实际的投额作差并取绝对值（即为模型（4.2）的残差的绝对值），将该绝对值作为企业的低投资效率程度（*Ininv*）。若实际投资额大于最优投资额（残差为正）时，则将这部分企业视为存在过度投资问题，并将实际投资额大于最优投资额（残差）的值记为这部分企业的过度投资程度（*Ovinv*）；若实际投资额小于最优投资额（残差为负）时，则将这部分企业视为存在投资不足问题，并将实际投资额与最优投资额之差的绝对值（残差的绝对值）记为这部分企业的投资不足程度（*Uninv*）。然后，分别将低投资效率（*Ininv*）、过度投资程度（*Ovinv*）和投资不足程度（*Uninv*），用于表 4.8、表 4.9 和表 4.10 的回归分析中。

表 4.7　对投资额的估计

变量	(1) *Inv*
常数项	-0.0583** (-2.102)
Growth	0.0015 (1.075)
Lev	-0.0066* (-1.695)
Listy	-0.0006** (-1.963)
Cash	0.0300*** (2.861)
Size	0.0060*** (5.624)
ROA	0.0290*** (3.533)
Inv_lag	0.8726*** (142.631)
Ind	控制
Year	控制
N	7054
R^2	0.817

注：***、** 和 * 分别表示至少在 1%、5% 以及 10% 的显著性水平上显著。

4.3.5.1　低效率投资问题下会计信息质量影响企业技术创新的回归分析

表 4.8 表示的是低效率投资、会计信息质量与企业技术创新的关系回归结果。第一步，对会计信息质量与企业技术创新的直接相关关系进行检验，见表 4.8 的第（1）列和第（2）列。结果显示，通过企业申请的专利总量加 1 的对数来度量企业技术创新和通过企业申请的发明专利总量加 1 的对数来度

量企业技术创新（*Inov*0 和 *Inov*1），会计信息质量（*AQ*）的系数分别为0.0153和0.0123，并且对应的t值分别为5.947和5.134，即说明会计信息质量的系数均在1%的水平上显著为正，这表明会计信息质量能够显著促进企业技术创新。第二步，对会计信息质量与低投资效率的关系进行检验，如表4.8第（3）列所示，会计信息质量（*AQ*）系数为-0.0011，对应的t值为-2.172，即会计信息质量的系数在5%的显著性水平上为负，这表明会计信息质量会显著地降低企业的低投资效率。第三步，对低效率投资与企业技术创新的直接相关关系进行检验。表4.8的第（4）列和第（5）列结果显示，通过企业申请的专利总量加1的对数和通过企业申请的发明专利总量加1的对数来度量企业技术创新（*Inov*0 和 *Inov*1），低效率投资（*Ininv*）的系数分别为-4.5477和-2.8177，并且对应的t值分别为-6.130和-4.105，即说明低效率投资的系数均在1%的水平上显著为负，这表明低效率投资能够显著地抑制企业技术创新，这支持了假设H4.7和H4.9。第四步，检验低效率投资在会计信息质量与企业技术创新的关系中是否发挥了中介效应。由表4.8第（6）列和第（7）列可知，通过企业申请的专利总量加1的对数和通过企业申请的发明专利总量加1的对数来度量企业技术创新（*Inov*0 和 *Inov*1），会计信息质量（*AQ*）的系数分别为0.0142和0.0103，对应的t值分别为4.900和4.126，即系数均在1%的水平上显著为正；低效率投资（*Ininv*）的系数分别为-4.4628和-2.7760，对应的t值分别为-5.013和-2.041，即系数均至少在5%的水平上显著为负。

表4.8　　　　低效率投资、会计信息质量与企业技术创新

变量	(1) *Inov*0	(2) *Inov*1	(3) *Ininv*	(4) *Inov*0	(5) *Inov*1	(6) *Inov*0	(7) *Inov*1
常数项	-22.1518*** (-21.995)	-21.1215*** (-22.303)	0.1083*** (3.743)	-23.8761*** (-25.142)	-22.5031*** (-25.049)	-21.8601*** (-21.759)	-20.9527*** (-22.145)
AQ	0.0153*** (5.947)	0.0123*** (5.134)	-0.0011** (-2.172)			0.0142*** (4.900)	0.0103*** (4.126)
Ininv				-4.5477*** (-6.130)	-2.8177*** (-4.105)	-4.4628*** (-5.013)	-2.7760** (-2.041)

续表

变量	(1) *Inov*0	(2) *Inov*1	(3) *Ininv*	(4) *Inov*0	(5) *Inov*1	(6) *Inov*0	(7) *Inov*1
Size	0.8156 *** (18.190)	0.8061 *** (18.977)	-0.0044 *** (-4.559)	0.9389 *** (23.706)	0.9059 *** (23.946)	0.8082 *** (18.065)	0.8013 *** (18.879)
Lev	-1.2309 *** (-7.027)	-1.6236 *** (-7.997)	0.0140 *** (4.754)	-1.3240 *** (-7.605)	-1.7873 *** (-8.878)	-1.1468 *** (-6.558)	-1.5544 *** (-7.642)
Indi	0.8062 (1.317)	0.7892 (1.393)		0.5691 (0.935)	0.6196 (1.098)	0.6791 (1.112)	0.7122 (1.257)
State	-0.0026 (-1.433)	-0.0025 (-1.537)	0.0000 (0.193)	-0.0025 (-1.405)	-0.0025 (-1.527)	-0.0025 (-1.404)	-0.0025 (-1.507)
HHI	3.4848 (1.400)	-1.0131 (-0.355)	-0.0682 (-1.352)	3.3808 (1.361)	-1.0816 (-0.380)	3.4826 (1.399)	-1.1437 (-0.398)
Listy	7.2309 *** (8.405)	7.0825 *** (9.008)	-0.0308 * (-1.672)	6.8226 *** (8.335)	6.6490 *** (8.860)	7.0645 *** (8.232)	6.9645 *** (8.862)
Ind	控制	控制	控制	控制	控制	控制	控制
Year	控制	控制	控制	控制	控制	控制	控制
N	7054	7054	7054	7054	7054	7054	7054
R^2	0.1579	0.1789	0.0845	0.1584	0.1784	0.1602	0.1801

注：***、**和*分别表示至少在1%、5%以及10%的显著性水平上显著。

由于在表4.8第（1）列和第（2）列中会计信息质量关于企业技术创新的系数显著为正，第（3）列会计信息质量关于低效率投资的系数显著为负，第（6）列和第（7）列中低效率投资关于企业技术创新的系数显著为负，根据温忠麟等（2004）的研究可知，低效率投资在会计信息质量对企业技术创新的发挥影响过程中，起到了中介作用，这支持了假设H4.8和H4.10。在考虑低效率投资后，会计信息质量对企业技术创新的影响依然为正，但影响系数绝对值分别由表4.8第（1）列和第（2）列中的0.0153和0.0123降到了0.0142和0.0103，对应的t值由5.947和5.134下降到4.900和4.126，根据温忠麟等（2004）的研究可知，这意味着，低效率投资的加入降低了会计信息质量对企业技术创新的正向影响，但是并没有完全消除会计信息质量对企业技术创新的正向影响，这意味着低效率投资起到了部分中介效应，但不是完全中介效应。

综前所述，会计信息质量可以通过投资路径对企业技术创新发挥正向影响。这可具体体现为：低投资效率会对企业技术创新产生负向影响，较高的会计信息质量能够降低企业的低投资效率，低投资效率在会计信息质量对企业技术创新发挥正向影响的过程中发挥了部分中介效应。

4.3.5.2 过度投资问题下会计信息质量影响企业技术创新的回归分析

表4.9是过度投资、会计信息质量与企业技术创新的关系回归结果。第一步，对会计信息质量与企业技术创新的直接相关关系进行检验，见表4.9的第（1）列和第（2）列。结果显示，通过企业申请的专利总量加1的对数来度量企业技术创新和通过企业申请的发明专利总量加1的对数来度量企业技术创新（*Inov*0 和 *Inov*1），会计信息质量（*AQ*）的系数分别为0.0096和0.0063，并且对应的t值分别为2.618和1.871，即说明会计信息质量的系数至少在1%的水平上显著为正，这表明会计信息质量能够显著促进企业技术创新。第二步，对会计信息质量与过度投资的关系进行检验。相应的回归结果如表4.9第（3）列所示，会计信息质量（*AQ*）的系数为 -0.0012，对应的t值为 -2.450，即会计信息质量的系数在5%的显著性水平上为负，这表明会计信息质量会显著地降低企业的过度投资程度。第三步，对过度投资与企业技术创新的直接相关关系进行检验。见表4.9的第（4）列和第（5）列，通过企业申请的专利总量加1的对数和通过企业申请的发明专利总量加1的对数来度量技术创新（*Inov*0 和 *Inov*1），过度投资程度（*Ovinv*）的系数分别为 -4.4586 和 -2.9964，并且对应的t值分别为 -4.794 和 -3.529，即说明过度投资的系数均在1%的水平上显著为负，这表明较高的过度投资程度会显著地抑制企业技术创新。这支持了假设H4.7。第四步，检验过度投资在会计信息质量与企业技术创新的关系中是否发挥了中介效应。由表4.9第（6）列和第（7）列可知，通过企业申请的专利总量加1的对数和通过企业申请的发明专利总量加1的对数来度量企业技术创新（*Inov*0 和 *Inov*1），会计信息质量（*AQ*）的系数均至少在10%的水平上显著为正，过度投资（*Ovinv*）的系数均在1%的水平上显著为负。

表4.9　过度投资、会计信息质量与企业技术创新

变量	(1) *Inov0*	(2) *Inov1*	(3) *Ovinv*	(4) *Inov0*	(5) *Inov1*	(6) *Inov0*	(7) *Inov1*
常数项	-20.7316*** (-14.206)	-19.0584*** (-14.071)	0.1083*** (3.743)	-21.8689*** (-16.166)	-19.7414*** (-15.597)	-20.5812*** (-14.180)	-18.9681*** (-14.049)
AQ	0.0096*** (2.618)	0.0063* (1.871)	-0.0012** (-2.450)			0.0074** (2.011)	0.0042* (1.750)
Ovinv				-4.4586*** (-4.794)	-2.9964*** (-3.529)	-4.1067*** (-4.140)	-2.7604*** (-3.098)
Size	0.7754*** (11.817)	0.7479*** (12.148)	-0.0044*** (-4.559)	0.8707*** (15.382)	0.8098*** (15.121)	0.7788*** (11.925)	0.7490*** (12.200)
Lev	-1.1368*** (-5.095)	-1.8660*** (-6.525)	0.0049 (1.104)	-1.1439*** (-5.176)	-1.9288*** (-6.808)	-1.0475*** (-4.736)	-1.7736*** (-6.217)
Indi	1.8556* (1.915)	0.9446 (1.075)		1.4377 (1.496)	0.6603 (0.755)	1.6281* (1.686)	0.7997 (0.912)
State	-0.0021 (-0.820)	-0.0025 (-1.059)	-0.0000 (-0.834)	-0.0023 (-0.895)	-0.0025 (-1.059)	-0.0021 (-0.799)	-0.0025 (-1.046)
HHI	1.4093 (0.369)	-1.4150 (-0.340)	-0.0682 (-1.352)	1.1209 (0.292)	-1.3374 (-0.324)	0.9205 (0.236)	-1.7878 (-0.426)
Listy	8.9235*** (5.997)	7.5721*** (5.631)	-0.0375 (-1.062)	7.0212*** (5.392)	5.7587*** (4.924)	8.8252*** (5.961)	7.4869*** (5.584)
Ind	控制	控制	控制	控制	控制	控制	控制
Year	控制	控制	控制	控制	控制	控制	控制
N	3174	3174	3174	3174	3174	3174	3174
R^2	0.1579	0.1739	0.0846	0.1594	0.1747	0.1613	0.1762

注：***、**和*分别表示至少在1%、5%以及10%的显著性水平上显著。

由于在表4.9第（1）列和第（2）列中会计信息质量关于企业技术创新的系数显著为正，第（3）列会计信息质量关于过度投资的系数显著为负，第（6）列和第（7）列中过度投资关于企业技术创新的系数显著为负，根据温忠麟等（2004）的研究可知，过度投资在会计信息质量对企业技术创新的发挥影响过程中起到了中介作用，这支持了假设H4.8。在考虑过度投资后，会

计信息质量对企业技术创新的影响依然为正，但影响系数绝对值分别由表4.9第（1）列和第（2）列中的0.0096和0.0063降到了0.0074和0.0042，对应的t值由2.618和1.871下降到2.011和1.750，根据温忠麟等（2004）的研究可知，这意味着，过度投资的加入降低了会计信息质量对企业技术创新的影响，但是并没有完全消除会计信息质量对企业技术创新的正向影响。

综前所述，较高的会计信息质量可以通过投资路径对企业技术创新发挥正向影响。具体体现为：过度投资问题会对企业技术创新产生负向影响，较高的会计信息质量能够降低企业的过度投资问题，较高的会计信息质量能够通过降低企业的过度投资问题的路径来促进企业技术创新。过度投资问题在会计信息质量对企业技术创新发挥正向影响过程中发挥了部分中介效应。

4.3.5.3 投资不足问题下会计信息质量影响企业技术创新的回归分析

表4.10表示的是投资不足、会计信息质量与企业技术创新的关系回归结果。第一步，对会计信息质量与企业技术创新的直接相关关系进行检验，见表4.10的第（1）列和第（2）列。结果显示，通过企业申请的专利总量加1的对数来度量企业技术创新和通过企业申请的发明专利总量加1的对数来度量企业技术创新（*Inov*0和*Inov*1），会计信息质量（*AQ*）的系数分别为0.0209和0.0186，并且对应的t值分别为5.802和5.508，即说明会计信息质量的系数均在1%的水平上显著为正，这表明会计信息质量能够显著促进企业技术创新。第二步，对会计信息质量与低投资效率的关系进行检验，见表4.10第（3）列，会计信息质量（*AQ*）的系数为-0.0009，对应的t值为-2.928，这说明会计信息质量会显著地降低企业的投资不足程度。第三步，对投资不足与企业技术创新的直接相关关系进行检验。见表4.10的第（4）列和第（5）列，通过企业申请的专利总量加1的对数和通过企业申请的发明专利总量加1的对数来度量企业技术创新（*Inov*0和*Inov*1），投资不足程度（*Uninv*）的系数分别为-4.2659和-2.0285，并且对应的t值分别为-3.569和-1.845，即说明投资不足程度的系数至少在1%的水平上显著为负，这表明投资不足能够显著地抑制企业技术创新。这支持了假设H4.9。第四步，检验投资不足在会计信息质量与企业技术创新的关系中是否发挥了中介效应。

由表 4.10 第（6）列和第（7）列可知，通过企业申请的专利总量加 1 的对数或者通过企业申请的发明专利总量加 1 的对数来度量企业技术创新（*Inov*0 和 *Inov*1），会计信息质量（*AQ*）的系数分别为 0.0178 和 0.0166，对应的 t 值分别为 4.767 和 4.501，即系数均在 1% 的水平上显著；投资不足程度（*Uninv*）的系数分别为 -4.0953 和 -1.9477，对应的 t 值分别为 -3.348 和 -1.744，即系数均至少在 10% 的水平上显著。

表 4.10　　　　投资不足、会计信息质量与企业技术创新

变量	(1) *Inov*0	(2) *Inov*1	(3) *Uninv*	(4) *Inov*0	(5) *Inov*1	(6) *Inov*0	(7) *Inov*1
常数项	-22.9302*** (-16.286)	-22.2038*** (-16.846)	0.1733*** (6.525)	-25.3136*** (-18.855)	-24.3844*** (-19.288)	-22.5791*** (-16.011)	-22.0388*** (-16.686)
AQ	0.0209*** (5.802)	0.0186*** (5.508)	-0.0009*** (-2.928)			0.0178*** (4.767)	0.0166*** (4.501)
Uninv				-4.2659*** (-3.569)	-2.0285* (-1.845)	-4.0953*** (-3.438)	-1.9477* (-1.774)
Size	0.8200*** (13.152)	0.8217*** (14.000)	-0.0077*** (-6.973)	0.9785*** (17.510)	0.9657*** (18.175)	0.8065*** (12.906)	0.8154*** (13.861)
Lev	-1.2231*** (-4.459)	-1.2926*** (-4.524)	0.0236*** (6.126)	-1.5037*** (-5.481)	-1.6308*** (-5.741)	-1.1538*** (-4.179)	-1.2518*** (-4.358)
Indi	0.2006 (0.254)	0.6915 (0.938)		0.0959 (0.122)	0.6353 (0.863)	0.1322 (0.168)	0.6587 (0.893)
State	-0.0029 (-1.187)	-0.0024 (-1.056)	0.0000 (1.120)	-0.0026 (-1.068)	-0.0022 (-0.991)	-0.0029 (-1.176)	-0.0024 (-1.041)
HHI	4.8207 (1.426)	-0.8211 (-0.211)	0.0026* (1.953)	4.9577 (1.468)	-0.7518 (-0.195)	5.1077 (1.512)	-0.8072 (-0.207)
Listy	6.5595*** (6.047)	7.0534*** (6.973)	-0.0323 (-1.580)	6.9105*** (6.483)	7.5385*** (7.528)	6.3937*** (5.890)	6.9738*** (6.888)
Ind	控制	控制	控制	控制	控制	控制	控制
Year	控制	控制	控制	控制	控制	控制	控制
N	3880	3880	3880	3880	3880	3880	3880
R^2	0.1599	0.1842	0.1036	0.1587	0.1817	0.1612	0.1846

注：*** 和 * 分别表示至少在 1% 和 10% 的显著性水平上显著。

由于在表4.10第（1）列和第（2）列中会计信息质量关于企业技术创新的系数显著为正，第（3）列会计信息质量关于投资不足的系数显著为负，第（6）列和第（7）列中投资不足关于企业技术创新的系数显著为负，根据温忠麟等（2004）的研究可知，投资不足在会计信息质量对企业技术创新的发挥影响过程中，起到了中介作用，这支持了假设H4.10。在考虑投资不足后，会计信息质量对企业技术创新的影响依然为正，但影响系数绝对值分别由表4.10第（1）列和第（2）列中的0.0209和0.0186降到了0.0178和0.0166，对应的t值由5.802和5.508下降到4.767和4.501，这意味着，投资不足的加入降低了会计信息质量对企业技术创新的正向影响，但是并没有完全消除会计信息质量对企业技术创新的正向影响，根据温忠麟等（2004）的研究可知，这意味着投资不足起到了部分中介效应，但不是完全中介效应。综前所述，会计信息质量可以通过投资路径对企业技术创新发挥正向影响。具体体现为：投资不足问题会对企业技术创新产生负向影响，较高的会计信息质量能够降低企业的投资不足问题，较高的会计信息质量能够通过降低企业的投资不足问题的路径来促进企业技术创新。投资不足问题在会计信息质量对企业技术创新发挥正向影响的过程中发挥了部分中介效应。

4.3.6 实证结论与政策启示

综合而言，本章基于信息不对称理论、代理理论、契约理论，考察了会计信息质量影响企业技术创新的传导路径，表明会计信息质量可以通过融资路径、治理路径和投资路径三条路径对企业技术创新发挥正向影响。

首先，本章在分析融资约束问题与企业技术创新之间关系，会计信息质量与融资约束问题之间关系的基础上，探讨了融资约束问题在会计信息质量与企业技术创新关系中的传导作用，并运用中介效应分析模型实证考察了融资约束问题的传导机制。会计信息质量与融资约束问题关系的检验结果表明，较高的会计信息质量有助于缓解企业的融资约束问题；融资约束问题与企业技术创新关系的检验结果表明，融资约束问题会阻碍企业技术创新；较高的会计信息质量能够通过缓解融资约束问题的路径对企业技术创新发挥正向影响。这部分研究内容具有理论方面和实践方面的启示。理论方面的启示为：在考虑会计信息质量对企业技术创新的影响时，结合企业的融资状况考虑，有助于全面理解企业技术创新的实现路径。对于企业来说，能否顺利融入足够的适当成本的资本，对于企业技术创新的实现至关重要，信息不对称是企业存在融资约束问题的本质原因，会计信息作为企业对外提供的最关键的信息，能够有效地降低企业内外部的信息不对称程度，并进而会影响企业技术创新的实现。因此，从融资约束的角度探讨会计信息质量对企业技术创新的影响，能够更全面地阐释企业技术创新实现的机理。在管理等方面实践上的启示为：投资者在对有创新实力的企业投资时，应该更加注重其融资渠道是否顺畅且融资成本是否适当，而具有技术创新机会的企业，应重点关注自身融资能力，避免企业因缺乏足够的资本支持，而错失技术创新的机会。

其次，本章在分析双重代理问题与企业技术创新以及会计信息质量与双重类代理问题之间关系的基础上，探讨了双重代理问题在会计信息质量与企业技术创新关系中的传导作用，并运用中介效应分析模型实证考察了双重问题的传导机制。相关检验结果表明，较高的会计信息质量有助于治理企业的第一类代理问题；第一类代理问题会阻碍企业技术创新；较高的会计信息质量能够通过缓解第一类代理问题的路径对企业技术创新发挥正向影响。较高的会计信息质量有助于治理企业的第二类代理问题；第二类代理问题会阻碍企业技术创新；较高的会计信息质量能够通过治理第二类代理问题的路径对企业技术创新发挥正向影响。这部分研究内容具有理论方面和实践方面的启示。理论方面的启示为：在考虑会计信息质量对企业技术创新的影响时，结合企业的双重代理问题考虑，有助于深入理解企业技术创新的实现路径和实现机制。这是因为：一方面，企业技术创新给管理者和投资者带来利益分歧，这会引发管理者产生放弃技术创新机会的动机，而若企业的会计信息质量较低，那么与投资者相比管理者具备关于企业技术创新机会的信息优势，并会给予管理者实际放弃技术创新机会的现实机会，从而会抑制企业技术创新。另一方面，与企业技术创新相比，直接侵占企业资本能够在较短的时间内给大股东带来更高的收益，而大股东直接侵占企业的资本是其不关注企业长远发展的重要体现，企业会缺乏技术创新的动力，大股东侵占企业资本会直接或间接导致企业技术创新因缺乏资本支持而被放弃，而较高质量的会计信息是控制大股东侵占企业资产重要机制，从而能够有效地保护小股东的权益不被大股东肆意侵占，使大股东有更高的意愿建设企业的长远发展能力，进而可提升企业更关注自身的技术创新实力。在实践上的启示为：对于关注企业长远发展的投资者来说，必须要关注企业管理者和投资者之间的代理问题，企业大股东和小股东之间的代理问题。投资者可通过要求企业提供较高的会计信息质量，加强对企业内部人的管理，以控制企业两类代理问题及其对企业技术创新的负面影响。而对于企业来说，要依靠技术创新提高自身的长远发展能力，有必须通过提供较高的会计信息质量积极配合构建良好的公司治理结构，控制两类代理问题，降低两类代理问题对企业技术创新的负面影响，保障企业技术创新的顺利实现。

最后，本章在分析低投资效率问题（过度投资问题、投资不足问题）与企业技术创新以及会计信息质量与低投资效率问题（过度投资问题、投资不足问题）之间关系的基础上，探讨了低投资效率问题（过度投资问题、投资不足问题）在会计信息质量与企业技术创新关系中的传导作用，并运用中介效应分析模型实证考察了双重问题的传导机制。相关检验结果表明，较高的会计信息质量有助于提升企业的投资效率；低投资效率会阻碍企业技术创新；较高的会计信息质量能够通过提升投资效率的路径对企业技术创新发挥正向影响。较高的会计信息质量有助于降低企业过度投资程度；企业过度投资会阻碍企业技术创新；较高的会计信息质量能够通过降低企业过度投资程度对企业技术创新发挥正向影响。较高的会计信息质量有助于降低企业投资不足程度；企业投资不足程度越高企业技术创新水平越低；较高的会计信息质量能够通过降低企业投资不足程度对企业技术创新发挥正向影响。这部分研究内容具有理论方面和实践方面的启示。理论方面的启示为：在考虑会计信息质量对企业技术创新的影响时，结合企业的投资效率考虑，有助于从更为本质的层面理解企业技术创新的实现路径和实现机制。对于企业来说，投资是核心的经营与财务活动，会计信息是规范企业投资行为，维护企业投资秩序的重要机制，并进而会影响企业技术创新的实现。因此，从投资效率的角度探讨会计信息质量对企业技术创新的影响，能够更深入地阐释企业技术创新实现的机理。实践上的启示为：投资者在对有创新实力的企业投资时，应该更加关注企业的投资效率，而具有技术创新机会的企业，也应该注重自身的投资效率，避免企业因较低的投资效率引起企业内部资本配置的扭曲，降低技术创新相关项目与其他性质投资项目之间的资源分配的冲突，降低企业技术创新因较低的投资效率而被“挤出”的程度。此外，企业可以通过提升自身会计信息质量的方式促进企业资本在企业各种性质项目之间的有效分配，以使企业更多的技术创新机会得以实现。

4.4 本章小结

本章阐释了会计信息质量“如何”能够对企业技术创新产生影响。

第一，本章以信息不对称理论为基础，对融资路径下会计信息质量对企业技术创新的影响机理进行了分析，对融资约束影响企业技术创新的机理和会计信息质量影响融资约束的机理进行了分析，并提出研究假设并检验。结果表明，融资约束会严重约束企业技术创新；会计信息质量能够显著地缓解融资约束；会计信息质量能够通过缓解融资约束的路径对企业技术创新发挥积极影响。

第二，本章以信息不对称理论、代理理论、契约理论为基础，对治理路径下会计信息质量对企业技术创新的影响机理进行了分析。首先，分别对第一类代理问题和第二类代理问题对企业技术创新影响的机理进行了分析；其次，对会计信息质量通过治理第一类代理问题和第二类代理问题的路径影响企业技术创新进行了理论分析并提出了相应的研究假设；最后，对研究假设进行检验。结果表明，第一类代理问题会限制企业的技术创新；会计信息质量负向影响第一类代理问题；会计信息质量可以通过治理第一类代理问题的路径对企业技术创新发挥正向影响。第二类代理问题会限制企业的技术创新；会计信息质量可减轻第二类代理问题；会计信息质量能够通过治理第二类代理问题的路径对企业技术创新发挥正向影响。

第三，本章以信息不对称理论、代理理论为基础，对投资路径下会计信息质量对企业技术创新的影响机理进行了分析。本书通过将企业实际投资额与最优投资额相比，计算企业的低效率投资程度（过度投资程度、投资不足程度）。首先，对会计信息质量通过提升企业投资效率（降低过度投资程度和降低投资不足程度）的路径影响企业技术创新的机理进行分析，并提出研究假设；其次，对研究假设进行检验。结果表明，低效率投资（过度投资问题、投资不足问题）会严重约束企业技术创新；会计信息质量能够显著地降低企业的低效率投资程度（过度投资程度、投资不足程度）；会计信息质量能够通过提升企业投资效率（降低企业过度投资程度和降低企业投资不足程度）的路径对企业技术创新发挥积极影响。

第 5 章
会计信息质量对企业技术创新影响的制度环境研究

5.1 不同制度环境下会计信息质量对企业技术创新影响的研究假设

制度环境是一系列用来建立生产、交换与分配基础的基本规则（李延喜等，2015）。任何企业均处在某些制度的组合中，会计信息质量对企业技术创新的作用可能会受到企业所处制度环境的影响。因此，要全面认识会计信息质量对企业技术创新的影响，有必要探讨不同制度环境下，会计信息质量对企业技术创新影响的差异。然而，关于"在完善的制度环境里还是在不完善的环境里会计信息质量可以发挥更显著的经济影响?"这一问题，现有研究尚无定论并主要有以下两种观点（陈胜蓝和魏明海，2006）：一种观点认为，制度环境和会计信息质量存在互补关系，即完善的制度环境与较高的会计信息质量必须并存方可发挥相应的经济作用。因此，与不完善的制度环境相比，在较完善的制度环境中，会计信息质量能够发挥出更显著的经济影响。另一种观点认为，制度环境和会计信息质量存在替代关系，此时制度环境越不完善，会计信息质量越重要。因此，与完善的制度环境相比，在不完善的制度环境中，会计信息质量才能够发挥出更显著的经济影响。可见，据目前研究尚无法确定究竟是在相对完善的制度环境中，还是在相对不完善的制度环境中，会计信息质量能够对企业技术创新发挥更高的影响。

此外，以往大多相关研究仅通过检验在不同完善程度的制度环境中企业提供的会计信息质量的高低，来判断制度环境和会计信息质量究竟是互补关系还是替代关系。然而，一方面，学术界通常将能够产生现金流的活动视为真实经济活动（real activities）（Brown et al.，2013），将某事物对真实经济活动的影响视为其真实经济影响（real effects）（Kanodia and Sapra，2016）。会计信息质量的主要功能直接体现为影响现金流的“分配”而非现金流的创造，但企业技术创新则为“产生”现金流的真实经济活动。因此，研究制度环境和会计信息质量在对企业技术创新发挥影响中的相互作用，还可从真实经济影响的角度拓展并深化制度环境和会计信息质量之间关系的研究。另一方面，从经济学角度看，要严格阐释制度环境和会计信息质量是替代关系还是互补关系，需要基于两者之外的某种经济价值的获取（如企业技术创新的获取）（Himmelberg et al.，2004）。因此，通过实证检验在不同制度环境中会计信息质量对企业技术创新发挥经济影响程度的高低，而不是检验不同制度环境中会计信息自身质量水平的高低，能够为制度环境和会计信息究竟是替代关系还是互补关系提供更严密的证据。

按李延喜等（2013，2015）的研究，将我国企业所处的制度环境分为三个维度：法治环境、金融市场环境和政府干预环境。接下来探讨：在不同法治环境完善程度的制度环境中，会计信息质量对企业技术创新影响的差异；在不同金融市场发展程度的制度环境中，会计信息质量对企业技术创新影响的差异；在不同政府干预程度的制度环境中，会计信息质量对企业技术创新影响的差异。

5.1.1 不同法治环境下会计信息质量对企业技术创新的影响

若法治环境不能有效保护投资者的权益，两类代理问题不仅会对企业技术创新产生直接负面影响，还会通过影响融资对企业技术创新产生间接负面影响（卢闯等，2010）。

首先，法治环境越不完善，企业技术创新越可能会因代理问题受到限制。一是法治环境越不完善，管理者因侵占投资者权益而被惩罚的力度就越低，此时管理者潜在的自利动机就更有可能转化为现实中的自利行为，管理者就更有可能根据自身利益而非投资者的利益作出与技术创新有关的投资决策。由于管理者具备较高的风险规避态度（Stein，1988），并且企业的短期经营业绩会显著影响管理者的薪酬及其变更（Lafond and Watts，2008），管理者存在对企业技术创新投资不足的强烈动机（Holmstrom，1989）。因而，法治环境对投资者保护程度越低，管理者最终放弃企业技术创新的可能性就越高（Francis and Smith，1995）。二是法治环境越不完善，大股东就越可能忽略小股东的权益，企业技术创新就越可能受到限制。这是因为：一方面，法治环境越不完善，大股东越倾向通过提高持股比例来加强对管理者的监督和控制，由于较高的持股比例伴随着较高的不可分散风险，大股东基于自身利益而非小股东利益，会更有可能放弃企业技术创新等高风险项目（冯根福和赵珏航，2012）。另一方面，法治环境越不完善，小股东出于自身资本和投资收益可能被严重侵占的考虑，越倾向通过企业的短期经营业绩指标对企业价值进行评判（卢闯等，2010），这又在一定程度上加剧了第一类代理问题，即加大了管理者的短期经营压力，使其忽视企业的长远利益而对企业技术创新投资不足。

其次，法治环境越不完善，代理问题越可能会间接导致企业技术创新受到融资约束问题的限制。技术创新长期需要大量持续且稳定的资本支持，而企业的融资往往伴随着赋予投资者相应的权利，如：知情权、资产收益权等（La Porta et al.，1998）。若投资者的权利得不到保障，投资者则不愿意提供资本。特别是由于企业技术创新从投入到产出均具有较明显的无形性特征并伴随很高的风险，对于技术创新程度较高的企业来说，投资者会更加关心自身权利是否会被侵占。不完善的法治环境无法有效地保护投资者的权益不被非法侵占，且无法使投资者以较低成本对侵占自身利益的主体提起诉讼，这会使投资者不愿意为企业提供资本，进而使企业较难获取充足的适当成本的资本，此时，企业技术创新较易受到融资约束的限制。具体表现在：第一，不完善的法治环境为管理者出于自利动机侵占投资者利益提供了更多的可能和机会（La Porta et al.，1998；Johnson，2000），此时，投资者会因面临较高的风险，而向企业索取较高的资本成本，甚至不愿意为企业提供资本，这就加大了融资约束对技术创新的限制。第二，当法治环境不完善时，大股东更有可能与管理者“合谋”，通过转移企业资本或利润的方式“掏空”企业，从而直接导致技术创新资本的匮乏（La Porta et al.，1998；李后建和张宗益，2014）。此时，小股东因承担较高的风险而会向企业索取较高的资本回报，从而进一步削弱了企业技术创新的资本支持。第三，当法治环境不完善时，金融市场发展缓慢，企业外部的融资环境较差，这会严重地限制企业获取技术创新所需资本的能力（Brown，2013）。

据此，提出以下假设：

H5.1：完善的法治环境正向影响企业技术创新。

由上文分析可知，完善的法治环境和较高的会计信息质量均有助于企业技术创新。探讨法治环境和会计信息质量在促进企业技术创新方面是替代关系还是互补关系，有助于了解目前我国企业是否可以通过较高的会计信息质量来缓解其他因素对企业技术创新的限制。然而，从理论上分析，法治环境和会计信息质量在影响企业技术创新方面，即可能存在互补关系，也可能存在替代关系。

会计信息质量和法治环境在影响企业技术创新方面可能存在替代关系。（1）在不完善的法治环境中，管理者因侵占投资者权益、大股东因侵占小股东权益而受到惩罚的力度均较低（Brown，2013），此时，投资者的利益得不到充分的保护，代理问题会较为突出，企业的技术创新会受到严重的限制。此时，较高的会计信息质量对投资者监管水平提升的边际作用较高（李延喜等，2015），从而能够更显著地降低企业技术创新因代理问题而被放弃的可能性。当法治环境较完善时，各种监管机构也相对较发达，会计信息治理功能的边际增量也较低，较高的会计信息质量通过缓解代理问题促进技术创新的边际贡献较小。（2）当法治环境较不完善时，与企业信息分析相关的各种专业机构较欠缺并且提供的专业分析水平有限（La Porta et al.，2000）。此时，会计信息为投资者提供的信息边际增量较大（李延喜等，2015），较高的会计信息质量对企业外部融资的影响更显著，并能更显著地缓解企业技术创新面临的融资约束问题。当法治环境较完善时，各种专业信息服务机构也相对发达（Mclean et al.，2012），这些机构能够为投资者提供更高水平的专业服务，从而降低了较高的会计信息质量对投资者决策的影响，进而降低了较高的会计信息质量对企业技术创新获得资本支持的影响。

据此，提出如下假设：

H5.2：法治环境不完善程度越高，较高的会计信息质量对企业技术创新的促进作用越大。

会计信息质量和法治环境在影响企业技术创新方面可能存在互补关系。当法治环境难以保护投资者权利时，投资者倾向通过提高持股比例的方式加强对管理者的控制（Shleifer and Vishny，1997）。而当投资者的持股比例提高时，投资者对管理者进行监控的意愿也会更强，并更有动机和机会获取企业内部关于技术创新的私有信息，此时高质量的会计信息在缓解管理者和投资者之间的代理问题中的作用会被弱化（Wurgler，2000）。然而，较高的持股比例会伴随较高的不可分散风险，若法治环境能够有效地保护投资者的权益，股权则以较分散的形式存在，这会加重管理者和投资者之间的信息不对称程度（Wurgler，2000），此时，较高的会计信息质量在降低企业内外部信息不对称程度中的经济影响会更显著（陈胜蓝和魏明海，2006），投资者为增强对管理者的监管能力，降低管理者对技术创新等有价值的项目投资不足的程度，需依赖高质量的会计信息。可见，只有较高的会计信息质量和完善的法治环境同时存在时，两者方可促进技术创新，缺一不可。

据此，提出如下假设：

H5.3：法治环境不完善程度越高，较高的会计信息质量对企业技术创新的促进作用越小。

5.1.2 不同金融市场环境下会计信息质量对企业技术创新的影响

金融市场的发展可以减少企业对自身资本积累的依赖程度，从而缓解企业技术创新存在的融资约束问题（Islam and Mozumdar，2007）。在金融市场较发达的经济合作与发展组织（OECD）国家，企业内部现金流每减少1美元，则企业的投资额约减少 0.141 美元；而在金融市场发展水平较低的非 OECD 国家，企业内部现金流每减少 1 美元，则企业减少的投资额将增到约 0.230 美元（Islam and Mozumdar，2007）。需要依赖外部资金支持的行业，在金融市场发展水平较高的制度背景下发展速度较快（Rajan and Zingales，1998）。而且在金融市场发展水平较高的制度背景下，资本的配置效率更高（Wurgler，2000）。以上经验证据表明，金融市场发展水平越高，企业技术创新因缺乏资本而受到限制的可能性越低。从理论上看，金融市场发展至少可从以下三个方面来促进企业技术创新。

首先，金融市场发展可以降低资本提供者事前的信息不对称劣势，从而降低资本提供者获取企业信息的成本，进而可促进企业技术创新（Hsu et al.，2014）。这主要体现在两个方面：一方面，金融市场的发展可以缩小拥有资本的投资者与需要资本的企业之间的地理距离，而资本的提供者和资本的需求者之间的地理距离对于资本在市场中能够自由地流通是至关重要的，因为这关系到资本提供者是否能够以较低的成本获取企业的信息，这最终会影响到企业获取资本的难度以及获取的资本成本的高低（黄福广等，2014）。另一方面，金融市场的发展往往伴随着投资者对信息搜寻和处理能力的提高，这会降低资本提供者搜寻企业信息的难度和成本。因而金融市场的发展，有助于金融机构更准确地识别出有技术创新能力的企业，并有助于企业获得更多来自金融机构的资本用于技术创新（解维敏和方红星，2011）。

其次，金融市场的发展可以降低资本提供者事后的信息不对称劣势，提高金融机构与企业签订契约的有效性。由于不完全契约的不完备性，企业内部人在获取到资本提供者提供的资本后，可能将资本用于低效率的投资项目来追求自身利益。金融市场的发展，可以提升金融中介机构对企业的监管和控制的有效性，并且随着金融中介机构和企业关系建立时间的推移，金融中介机构对企业的信息掌控能力会得以增强（解维敏和方红星，2011），从而可以及时发现企业不恰当使用资本的投资行为和企业的不良财务状况，及早对企业进行控制并采取防范风险的措施。这种事后信息不对称劣势的降低，可以反过来提高金融市场中的资本提供者事前提供资本的意愿，从而能够对企业技术创新融资产生有利的影响。

值得注意的是，金融市场的发展除了可以提升投资者事前和事后的信息不对称，降低投资者的风险，即通过改变投资者外在的风险环境来降低投资者的风险，还能够改变投资者内在的风险承受能力来降低投资的风险，从而进一步改善企业技术创新的融资状况。随着金融市场的发展，投资者投资意愿的增强，市场中将会出现大量的金融中介机构，这些金融中介机构能够从投资者手中筹集更大规模且使用周期更长的资本。金融中介机构可以通过分散化组合进行投资，至少会产生两方面的影响：一方面，可以弱化技术创新程度较高的企业的高风险劣势；另一方面，可以增加技术创新程度较高的企业潜在收益的吸引力，这有利于克服零散的投资者克服因自身资本规模较小而无力分散自身风险的弱势，从而降低企业技术创新较难筹集到充足资本的劣势。

H5.4：较高的金融市场发展水平正向影响企业技术创新。

金融环境和会计信息质量的资源配置功能可能是互补关系。这是因为，在金融发展水平较低的环境里，契约的制定效率和执行程度均较低（La Porta et al.，1997），即使企业提供较高的会计信息质量，但是在契约制定过程中却无法充分利用这种信息优势，并且在管理者违背了契约的规定也能不能够受到相应的处罚（La Porta et al.，1998），此时投资者依然会面临较高的风险，因此，较低的金融发展水平会减弱会计信息质量关于融资约束对技术创新影响的调节作用。而在金融发展水平较高的环境里，往往契约的制定效率和执行程度均较高，投资者的权利会得到有效的保障，此时会计信息质量降低契约制定过程中信息不对称的作用能够通过真实的经济后果显现出来（Bushman and Piotroski，2006），例如，可真实地降低投资者的风险，进而加强投资者投资的意愿，从而会强化会计信息质量通过缓解融资约束对企业技术创新发挥的正向影响。

结合以上讨论，形成如下假设：

H5.5：金融市场发展水平越高，较高的会计信息质量对企业技术创新的促进作用越大。

金融环境和会计信息的资源配置功能也可能是替代关系。这是因为，金融环境发展不足而无法给投资者提供充足信息的功能，可由较高的会计信息质量替代完成。金融发展水平越低，会计信息质量改善信息不对称的作用空间越大，较高的会计信息质量就可以帮助投资者获得更多的有用信息。因此，较低的金融发展水平会加强会计信息质量通过融资约束来提升企业技术创新的作用。反而金融发展水平越高，各种机构的专业水平越高，投资者的各种高质量信息的来源越广，高质量的会计信息的额外信息补充作用就越不明显，会计信息质量通过缓解融资约束对企业技术创新发挥的正向影响就越小。

结合以上讨论，形成如下假设：

H5.6：金融市场发展水平越低，较高的会计信息质量对企业技术创新的促进作用越大。

5.1.3 不同政府干预环境下会计信息质量对企业技术创新的影响

在政府干预程度较高的制度环境中，企业技术创新程度会更低，这是因为：一方面，在政府干预程度较高的制度背景下，企业通过技术创新来获取竞争优势会很困难；另一方面，政府对资源分配拥有较高的控制权，此时企业会将资源集中于与政府建立联系而不是将资本用于技术创新以建设企业自身的生产能力和发展能力（袁建国等，2015）。在政府干预程度较高的制度背景下，企业会通过积极与政府建立联系，以获取来自政府的大额订单和来自政府的直接补助，此时即使企业不通过技术创新来加强自身产品的竞争能力，企业依旧可通过与政府之间的联系，在相应的产品市场中享有较高的市场份额（袁建国等，2015），这不仅会降低企业的竞争压力和企业技术创新的动力而导致企业的管理者漠视技术创新，企业的管理者还会因将过多的精力用于建设与政府之间的关系而忽视企业技术创新，此时为迎合政府的社会性目标建设需要，管理者还会盲目扩建企业以至于诱发产能过剩（李延喜等，2015），并会因过于关注企业短期业绩而牺牲企业的长远发展，从而进一步挤占本应用于企业技术创新的资本。

由此提出如下假设：

H5.7：较高的政府干预程度负向影响企业技术创新。

当政府干预程度越高的时候，企业会计信息质量对企业技术创新的影响可能越小，这主要是由以下三点原因造成的。

首先，政府干预程度越高，政府往往对相关省份（或地区）的资本资源的掌控能力就越高，此时，只要企业和政府之间建立了联系，即使企业的会计信息质量较低，企业依旧较易从政府直接获得政府补贴并可较易通过政府间接获取信贷资本资源，此时企业具有更多的资本支持，企业技术创新较难因融资约束问题而被放弃。由此可见，政府干预程度越高，会计信息质量就越难通过融资约束路径对企业技术创新发挥作用。

其次，政府干预程度越高，会计信息质量也较难通过治理代理问题路径促进企业技术创新。政府对企业的干预程度越高，会计信息质量加强企业管理者薪酬契约有效性的能力就越差，此时会计信息反映的管理者经营业绩与管理者薪酬的敏感度就较低（刘凤委等，2007）。可见，当政府干预程度较高时，会计信息质量也较难通过激励的方式来缩小管理者与投资者关于企业技术创新的偏好分歧，从而较难通过治理路径来促进企业技术创新。

最后，政府干预程度高，会计信息质量就较难通过提升企业投资效率的路径来促进企业技术创新。当政府干预程度较高时，地方政府会为了追求地区 GDP 增长和税收收入的提升，而盲目推动企业进行扩张和片面投资，从而会导致大型企业普遍存在过度投资的状况（赵静和郝颖，2014）。当政府干预程度较高时，企业的过度投资并非仅由企业投资者和管理者之间的代理问题所致，而是政府和企业共同的行为结果，即使较高的会计信息质量能够降低企业的管理者的过度投资动机，较高的会计信息质量却无力降低政府对企业过度投资的影响。因此，前文所提及的会计信息质量通过减轻过度投资进而促进企业技术创新的机理，并不适用于政府干预程度较高的企业。由此可见，当政府干预程度较高时，会计信息质量较难通过减轻企业的过度投资程度来促进企业技术创新。此外，由于在政府干预程度较高的环境中，较高的会计信息质量对企业融资条件的改善程度较低，较高的会计信息质量较难对企业投资不足的低投资效率状况产生改善作用。因而，政府干预程度越高，较高的会计信息质量就较难通过降低企业投资不足程度的路径促进企业技术创新。

由此提出如下假设：

H5.8：政府干预程度越低，较高的会计信息质量对企业技术创新的促进作用越大。

然而，政府在市场经济中可以扮演多种角色，政府除了可能是市场经济中的"守夜人"和"掠夺之手"，政府也可能是市场中的"扶持之手"，因而政府干预也会加强市场的资源配置效率，并且在此过程中需要更多的高质量会计信息支持。政府干预存在一定的理性，在我国经济转型过程中，政府干预是弥补市场力量薄弱的制度性替代机制（赵静和郝颖，2014）。而政府要提高市场对资本的配置效率，使更多的资本流入技术创新等有价值的投资项目中，客观上需要依赖经过独立第三方审核的企业的信息，如经审计的会计信息来对资本进行配置。

由此提出如下假设：

H5.9：政府干预程度越高，较高的会计信息质量对企业技术创新的促进作用越大。

5.2 实证研究与设计

5.2.1 研究样本与数据来源

以2003～2010年A股上市公司为研究对象。(1) 制度环境数据从《中国市场化指数－各地区相对进程2011年报告》（樊纲等，2011。以下简称《报告》）中摘取。(2) 从国家知识产权局网站手工搜集每家样本企业以专利申请人身份申请的专利数据。(3) 其他企业相关数据来自CSMAR数据库和RESSET数据库。(4) 剔除了金融行业公司的数据。(5) 对资产规模等连续变量进行了1%分位及99%分位处理。(6) 剔除了相关变量数据缺失的企业的数据。(7) 删除了年度观测值不足30家企业的行业数据。

5.2.2 变量定义与实证模型设计

本章对变量的定义与第3章和第4章基本保持一致。

根据以往相关研究（万良勇，2013；程慧平等，2015），本书采用《报告》中的“市场中介组织的发育和法律制度环境”指数来度量法治环境的完善程度，该指数越高，则表示法治环境的完善程度越高。通过“金融业的市场化程度”指数来度量金融市场环境的发展水平，该指数越高，则表示金融市场发展程度越高。通过“政府与市场的关系”指数度量政府干预环境的严重程度，该指数越高，则表示政府干预程度越小（李延喜等，2015）。

由于制度环境不可避免地会对企业会计政策选择造成干扰，从而会影响企业的会计信息质量。而制度环境（法治环境、金融市场环境和政府干预环境）与相应的省份（或地区）和年份有较高相关性。为了避免内生性问题，将会计信息质量按照省份（或地区）和年份进行了标准化处理。具体来说：首先，按照第 3 章、第 4 章的方法计算出会计信息质量；其次，计算各省份（或地区）各年度相应样本企业的会计信息质量的均值；最后，用各个企业的会计信息质量减去各省份（或地区）各年度会计信息质量的均值，并将该差作为度量会计信息质量的新指标。具体如下所示：

$$\underline{AQ} = AQ - M(AQ) \tag{5.1}$$

其中，M（AQ）等于按照省份（或地区）和年份计算的会计信息质量（AQ）的均值，$\underline{AQ}$ 即为本章关于会计信息质量的代理变量。

为检验假设 H5.1、H5.4 和 H5.7，设计模型（5.2）；为检验假设 H5.2 和 H5.3、H5.5 和 H5.6、H5.8 和 H5.9，设计了模型（5.3）。在模型（5.2）和（5.3）中，均控制了公司规模（*Size*）、资产负债率（*Lev*）、独立董事比例（*Indi*）、国有股份比例（*State*）、行业竞争程度（*HHI*）和上市年限（*Listy*）等因素。

$$\begin{aligned} Inov0_{i,t}(Inov1_{i,t}) = {} & \alpha_0 + \alpha_1 Law_{i,t}(Fin_{i,t} \text{ 和 } Gov_{i,t}) + \alpha_2 Size_{i,t} + \alpha_3 Lev_{i,t} \\ & + \alpha_4 Indi_{i,t} + \alpha_5 State_{i,t} + \alpha_6 HHI_{i,t} + \sum Ind \\ & + \sum Year + \varepsilon_{i,t} \end{aligned} \tag{5.2}$$

$$\begin{aligned} Inov0_{i,t}(Inov1_{i,t}) = {} & \alpha_0 + \alpha_1 \underline{AQ}_{i,t} + \alpha_2 Law_{i,t}(Fin_{i,t} \text{ 和 } Gov_{i,t}) + \alpha_3 Size_{i,t} \\ & + \alpha_4 Lev_{i,t} + \alpha_5 Indi_{i,t} + \alpha_6 State_{i,t} + \alpha_7 HHI_{i,t} \\ & + \sum Ind + \sum Year + \varepsilon_{i,t} \end{aligned} \tag{5.3}$$

各变量的定义汇总见表5.1。

表5.1　变量定义表

变量名称	变量	变量说明	文献依据
企业技术创新	*Inov0*	发明专利、外观设计以及实用新型总申请量与1之和的对数	Tian and Wang（2014）
企业技术创新	*Inov1*	发明专利申请量与1之和的对数	Tan et al.（2015）
会计信息质量	*AQ*	各个企业的会计信息质量减去各省份（或地区）各年度会计信息质量的均值	自行定义
法治环境	*Law*	市场中介组织的发育和法律制度环境指数	李延喜等（2015）、万良勇（2013）
金融市场环境	*Fin*	金融业的市场化程度指数	李延喜等（2015）、朱英姿和许丹（2013）
政府干预环境	*Gov*	政府与市场的关系指数	李延喜等（2015）、陈艳利等（2015）
公司规模	*Size*	总资产的对数	柳建华（2009）
资产负债率	*Lev*	总负债与总资产的比值	He and Tian（2013）
独立董事比例	*Indi*	独立董事人数占董事会总人数的比重	袁建国等（2015）
国有股份比例	*State*	公司国有股与公司总股数的比值	李泽广和马泽昊（2013）
行业竞争程度	*HHI*	基于销售额计算的赫芬达尔—赫希曼指数HHI	He and Tian（2013）
上市年限	*Listy*	观测年份减去企业上市年份加1的自然对数	李延喜等（2015）
行业类型	*Ind*	属于该行业时，赋值为1，否则赋值为0	He and Tian（2013）
年份	*Year*	处于该年份时，赋值为1，否则赋值为0	He and Tian（2013）

5.3　实证结果分析与讨论

5.3.1　描述性统计分析

对变量进行描述性统计，见表5.2。从表5.2可以看出：（1）根据企业申请的专利总量加1的对数度量企业技术创新（*Inov0*），企业技术创新的最小值为0，最大值为8.764，方差达1.353；根据企业申请的发明专利总量加1的对数度量企业技术创新（*Inov*1），企业技术创新的最小值为0，最大值为8568，方差达1.010，表明不同企业的技术创新水平存在明显差异。(2) 法治环境的完善程度（*Law*）最小值为0.18，最大值为19.89，方差达4.452，表明不同省份（或地区）的法治环境的完善程度有明显差别。同样由表5.2可见，不同省份（或地区）的金融市场环境的发展水平（*Fin*）和政府干预程度（*Gov*）均存在明显差别。

表5.2　　变量的描述性统计结果

变量	均值	方差	最小值	最大值
*Inov*0	0.790	1.353	0	8.764
*Inov*1	0.493	1.010	0	8.568
Law	7.979	4.452	0.18	19.89
Fin	8.621	2.426	0.73	12.84
Gov	8.465	1.598	-4.66	10.53
AQ	50.367	28.409	1	100
$\underline{AQ}$	0.000	0.561	-0.985	2.185
Size	21.323	1.052	18.809	25.183
Lev	0.473	0.221	0.040	1.619
Indi	0.336	0.075	0	0.667
State	17.664	23.498	0	76.293
HHI	0.051	0.099	0.006	0.876
Listy	1.895	0.719	0.693	2.995

5.3.2　分组检验

对主要变量按企业是否提供较高的会计信息质量进行分组检验，见表5.3。表5.3的PanelA是按照会计信息质量（*AQ*）的高低进行分组（会计信息质量大于或等于中间值则记为较高会计信息质量组 *AQC* = 1，会计信息质量低于中间值则记为较低会计信息质量组 *AQC* = 0）进行分组检验。首先，对通过企业申请的专利总量加1的对数度量的企业技术创新（*Inov*0）进行检验，结果显示，较高的会计信息质量组（$AQC=1$）的企业技术创新（$Inov0$）在平均值上比较低的会计信息质量组（$AQC=0$）的企业技术创新（$Inov0$）高0.5235，且在1%的水平上显著；对通过企业申请的发明专利总量加1的对数度量的企业技术创新（$Inov1$）进行检验，结果显示，较高的会计信息质量组（$AQC=1$）的企业技术创新（$Inov1$）在平均值上比较低的会计信息质量组（$AQC=0$）的企业技术创新（$Inov1$）高0.3768，且在1%的水平上显著。其次，对企业所在的制度环境进行分组检验，结果显示，较高的会计信息质量组（$AQC=1$）的企业所处的制度环境的完善程度要低于较低的会计信息质量组（$AQC=0$）的企业所处的制度环境的完善程度，且该差异是显著的，这说明处于相对不完善的制度环境中的企业倾向于提供较高的会计信息质量，这与以往针对我国企业相关研究的结论是一致的（陈胜蓝和魏明海，2006）。具体来说，提供较高的会计信息质量组（$AQC=1$）的企业所处的法治环境的完善程度的均值要显著高于提供较低的会计信息质量组（$AQC=0$）的企业，这说明了在法治环境较不完善的省份或地区的企业倾向提供较高的会计信息质量；较高的会计信息质量组（$AQC=1$）的企业所处的金融市场环境的发展水平均值要显著低于较低的会计信息质量组（$AQC=0$），这说明了在金融市场环境的发展水平较低的地区的企业倾向提供较高的会计信息质量；较高的会计信息质量组（$AQC=1$）的企业所在的政府干预环境的程度（Gov的值越大表示政府对市场的干预程度越低）要显著高于较低的会计信息质量组（$AQC=0$）的企业。可见，会计信息质量与企业所处的制度环境有着较密切的联系，这证明了本书对制度环境与会计信息质量之间潜在的内生性问题进行控制的必要性。

表5.3的PanelB是按照会计信息质量（$\underline{AQC}$）的高低进行分组（$\underline{AQC}$是否大于0，即AQ是否大于该年企业所在省份或地区AQ的平均值）进行分组检验。首先，对通过企业申请的专利总量加1的对数度量的企业技术创新（$Inov0$）进行检验，结果显示，较高的会计信息质量组（$\underline{AQC}=1$）的企业技术创新（$Inov0$）在平均值上比较低的会计信息质量组（$\underline{AQC}=0$）的企业技术创新（$Inov0$）高0.4652，且在1%的水平上显著，表明较高的会计信息质量有助于企业技术创新；对通过企业申请的发明专利总量加1的对数度量的

企业技术创新（*Inov*1）进行检验，也得到了类似的结果。其次，从法治环境、金融市场环境和政府干预环境三个制度环境的维度，对企业所在的制度环境进行分组检验，结果显示，较高的会计信息质量组（$\underline{AQC}=1$）的企业所处的法治环境的完善程度要低于较低的会计信息质量组（$\underline{AQC}=0$）的企业所处的法治环境的完善程度，但是并不显著；较高的会计信息质量组（$\underline{AQC}=1$）的企业所处的金融市场环境的发展水平要低于较低的会计信息质量组（$\underline{AQC}=0$）的企业，但是并不显著；较高的会计信息质量组（$\underline{AQC}=1$）的企业所处制度环境的政府干预程度要高于较低的会计信息质量组（$\underline{AQC}=0$）的企业所处制度环境的政府干预程度，但是并不显著。由此可见，本书对制度环境与会计信息质量之间的内生性处理后，减弱了制度环境给会计信息质量带来的影响，从而减弱了制度环境和会计信息质量之间的内生性问题，以及对不同制度环境中会计信息质量对企业技术创新影响差异的研究结论的干扰程度。

表 5.3　　　　主要变量的分组检验

PanelA　按照 *AQ* 高低进行分组				
变量	*AQC* =1 组均值	*AQC* =0 组均值	均值差异	T 检验
*Inov*0	1.0516	0.5281	0.5235***	-20.2828
*Inov*1	0.6815	0.3047	0.3768***	-19.5834
Law	7.6483	8.1723	-0.5239***	-5.4557
Fin	8.4901	8.7362	-0.2461***	-4.7420
Gov	8.3646	8.5412	-0.1765***	-5.0050
Size	21.0441	22.0257	-0.9815***	-57.8587
Lev	0.7889	0.5021	-0.2868**	-2.4150
Ind	0.3481	0.3432	-0.0048***	-3.9565
State	18.0105	20.3568	-2.3463***	-5.8242
HHI	0.0547	0.0448	-0.0099***	-6.9646
Listy	2.3382	2.4145	-0.0763***	-11.1359
PanelB　按照 $\underline{AQ}$ 高低进行分组				
变量	$\underline{AQC}>0$ 组均值	$\underline{AQC}<0$ 组均值	均值差异	T 检验
*Inov*0	1.0272	0.5620	0.4652***	17.9471
*Inov*1	0.6655	0.3277	0.3378***	17.4918

续表

PanelB　按照AQ高低进行分组				
变量	AQC >0 组均值	AQC <0 组均值	均值差异	T 检验
Law	7.8487	7.9756	-0.1268	-0.5466
Fin	8.5826	8.6468	-0.0642	-1.2372
Gov	8.4242	8.4828	-0.0585	-1.1080
Size	21.0558	22.0108	-0.9550 ***	-55.9235
Lev	0.5020	0.7880	-0.2859 **	-2.4068
Ind	0.3445	0.3468	-0.0023 *	-1.9459
State	18.0863	20.27288	-2.1865 ***	-5.4261
HHI	0.0547	0.0448	-0.0099 ***	-6.9646
Listy	2.3345	2.4158	-0.0813 ***	-11.8727

注：***、** 和 * 分别表示至少在 1%、5% 以及 10% 的显著性水平上显著。

5.3.3　不同法治环境下会计信息质量对企业技术创新的影响的检验

表 5.4 的第（1）列和第（2）列是通过模型（5.2）计算的法治环境的完善程度对企业技术创新影响的回归结果。表 5.4 的第（3）列、第（4）列、第（5）列和第（6）列是通过模型（5.3）计算的不同完善程度的法治环境条件下，会计信息质量对企业技术创新影响的回归结果。表 5.4 的第（3）列、第（4）列、第（5）列和第（6）列是按照法治环境的完善程度（*Law*）的高低进行的分组（法治环境的完善程度小于中间值则记为较不完善的法治环境组 *LawC* = 0，否则记为较完善的法治环境组 *LawC* = 1）。

表 5.4　　法治环境、会计信息质量与企业技术创新

变量	(1) All *Inov*0	(2) All *Inov*1	(3) *LawC* = 0 *Inov*0	(4) *LawC* = 1 *Inov*0	(5) *LawC* = 0 *Inov*1	(6) *LawC* = 1 *Inov*1
常数项	-20.6089 *** (-25.496)	-19.2645 *** (-24.596)	-23.1402 *** (-15.613)	-22.0043 *** (-13.329)	-22.7891 *** (-16.016)	-19.6774 *** (-12.592)
AQ			0.8536 *** (4.595)	0.0117 ** (2.063)	0.7703 *** (4.344)	0.1150 * (1.678)

续表

变量	(1) All *Inov0*	(2) All *Inov1*	(3) *LawC* = 0 *Inov0*	(4) *LawC* = 1 *Inov0*	(5) *LawC* = 0 *Inov1*	(6) *LawC* = 1 *Inov1*
Law	0.0632 *** (6.323)	0.0647 *** (7.047)	0.0152 ** (1.988)	0.1852 *** (2.876)	0.0158 ** (2.105)	0.0858 (1.450)
Size	0.9336 *** (22.045)	0.8929 *** (21.944)	0.8796 *** (13.955)	0.8216 *** (11.619)	0.8935 *** (14.470)	0.7440 *** (11.473)
Lev	-1.6103 *** (-8.460)	-1.7669 *** (-8.471)	-1.2495 *** (-5.196)	-1.7628 *** (-5.551)	-1.6070 *** (-5.447)	-1.6389 *** (-5.416)
Indi	1.0767 * (1.768)	1.0081 * (1.767)	1.6976 * (1.931)	0.4448 (0.524)	1.6879 ** (2.013)	0.1778 (0.233)
State	-0.0010 (-0.582)	-0.0003 (-0.180)	0.0001 (0.050)	-0.0004 (-0.152)	0.0023 (0.987)	-0.0015 (-0.686)
HHI	3.0086 (1.238)	-0.8881 (-0.328)	1.2136 (0.329)	4.2019 (1.269)	-2.0822 (-0.598)	-1.1427 (-0.253)
Listy	6.3324 *** (8.496)	6.7888 *** (9.804)	7.3827 *** (7.013)	4.3745 *** (3.875)	7.8565 *** (7.993)	5.4686 *** (5.055)
Ind	控制	控制	控制	控制	控制	控制
Year	控制	控制	控制	控制	控制	控制
N	7193	7193	3609	3584	3609	3584
Pseudo R^2	0.1433	0.1578	0.1759	0.1174	0.1960	0.1396

注：***、** 和 * 分别表示至少在 1%、5% 以及 10% 的显著性水平上显著。

由表 5.4 的第（1）列和第（2）列可知，法治环境的完善程度（*Law*）的系数分别为 0.0632 和 0.0647，并且均在 1% 的水平上显著。这说明完善的法治环境有助于企业技术创新。这支持了假设 H5.1。进一步，按照较不完善的法治环境（*LawC* = 0）和较完善的法治环境（*LawC* = 1）进行分组，如第（3）列和第（5）列所示，在较不完善的法治环境中（*LawC* = 0），会计信息质量（$\underline{AQ}$）关于企业技术创新的系数分别为 0.8536 和 0.7703，对应的 t 值分别为 4.595 和 4.344，在 1% 的显著性水平上显著为正。如第（4）列和第（6）列所示，在较完善的法治环境中（*LawC* = 1），会计信息质量（$\underline{AQ}$）关于企业技术创新的系数分别为 0.0117 和 0.1150，对应的 t 值分别为 2.063 和 1.678，即会计信息质量的系数在 1% 的显著性水平上显著为正。由表 5.4 的第（3）列和第（4）列比较，可发现在较不完善的法治环境中（$LawC=0$），会计信息质量对企业技术创新的影响更大（$0.8536>0.0117$），并且对应的 t 值也更大（$4.595>2.063$）。由第（5）列和第（6）列比较可知，在较不完善的法治环境（$LawC=0$）中，会计信息质量对高质量的企业技术创新的影响更大（$0.7703>0.1150$），并且对应的 t 值也更大（$4.344>1.678$）。这意味着，与较完善的法治环境相比，在较不完善的法治环境中，会计信息质量能够对企业技术创新发挥出更高且更显著的积极作用，即法治环境和会计信息质量在促进企业技术创新方面是替代关系，这支持了假设 H5.3。

5.3.4 不同金融市场环境下会计信息质量对企业技术创新的影响的检验

表 5.5 的第（1）列和第（2）列是通过模型（5.2）计算的金融市场环境的发展水平对企业技术创新影响的回归结果。表 5.5 的第（3）列、第（4）列、第（5）列和第（6）列是通过模型（5.3）计算的不同发展程度的金融市场环境条件下，会计信息质量对企业技术创新影响的回归结果。表 5.5 的第（3）列、第（4）列、第（5）列和第（6）列是按照金融市场环境的发展水平（Fin）的高低进行分组（金融市场环境的发展水平小于中间值则记为金融市场环境的发展水平较低组 $FinC=0$，金融市场环境的发展水平大于或等于中间值则记为金融市场环境的发展水平较高组 $FinC=1$）。由表 5.5 的第（1）列和第（2）列可知，金融市场发展水平（Fin）的系数分别为 0.1673 和 0.1422，对应的 t 值分别为 7.178 和 6.372，即均在 1% 的显著性水平上显著为正。这说明较高的金融市场发展水平有助于促进企业技术创新，这支持了假设 H5.4。进一步，按照较低的金融市场发展水平（$FinC=0$）和较高的金融市场发展水平（$FinC=1$）进行分组，如表 5.5 的第（3）列和第（5）列所示，在较低的金融市场发展水平环境中（$FinC=0$），会计信息质量（$\underline{AQ}$）关于企业技术创新的系数分别为 0.7283 和 0.6978，对应的 t 值分别为 4.010

和4.100，即在1%的显著性水平上显著为正。如表5.5的第（4）列和第（6）列所示，在较高的金融市场发展水平环境中（*FinC* = 1），会计信息质量（*AQ*）关于企业技术创新的系数分别为0.2348和0.0582，对应的t值分别为2.010和1.761，即说明系数在1%的显著性水平上显著为正。

表5.5　　　　金融市场环境、会计信息质量与企业技术创新

变量	(1) All *Inov*0	(2) All *Inov*1	(3) *FinC* = 0 *Inov*0	(4) *FinC* = 1 *Inov*0	(5) *FinC* = 0 *Inov*1	(6) *FinC* = 1 *Inov*1
常数项	-21.5741*** (-26.293)	-20.0638*** (-25.115)	-22.1657*** (-14.111)	-25.0890*** (-13.977)	-21.9194*** (-14.865)	-23.3299*** (-13.346)
AQ			0.7283*** (4.010)	0.2348** (2.010)	0.6978*** (4.100)	0.0582* (1.761)
Fin	0.1673*** (7.178)	0.1422*** (6.372)	0.0572* (1.917)	0.2042*** (4.529)	0.1029* (1.798)	0.1276*** (2.916)
Size	0.9269*** (21.890)	0.8947*** (21.897)	0.8269*** (13.699)	0.8820*** (11.718)	0.8223*** (14.305)	0.8526*** (11.669)
Lev	-1.6689*** (-8.751)	-1.8644*** (-8.877)	-1.4533*** (-6.194)	-1.6596*** (-4.891)	-1.8715*** (-6.771)	-1.4853*** (-4.358)
Indi	1.0414* (1.711)	1.0125* (1.769)	1.2008 (1.448)	0.9780 (1.079)	1.2550 (1.618)	0.7613 (0.891)
State	-0.0008 (-0.457)	-0.0003 (-0.213)	0.0008 (0.318)	-0.0021 (-0.864)	0.0028 (1.220)	-0.0036 (-1.530)
HHI	3.6174 (1.485)	-0.1098 (-0.041)	2.1887 (0.692)	3.7091 (0.750)	-4.4194 (-1.184)	3.1565 (0.617)
Listy	6.4180*** (8.654)	6.8421*** (9.883)	5.9135*** (6.322)	5.6373*** (4.258)	6.2806*** (7.277)	6.6925*** (5.318)
Ind	控制	控制	控制	控制	控制	控制
Year	控制	控制	控制	控制	控制	控制
N	7193	7193	3626	3567	3626	3567
Pseudo R^2	0.1450	0.1586	0.1565	0.1244	0.1737	0.1464

注：***、**和*分别表示至少在1%、5%以及10%的显著性水平上显著。

由表5.5的第（3）列和第（4）列比较可发现，在较低的金融市场发展水平环境中（*FinC*=0），会计信息质量对企业技术创新的影响更大（0.7283>0.2348），并且对应的t值也更大（4.010>2.010）。由表5.5的第（5）列和第（6）列比较可知，在较低的金融市场发展水平环境中（*FinC*=0），会计信息质量对企业技术创新的影响更大（0.6978>0.0582），并且对应的t值也更大（4.100>1.761）。这意味着，与较高的金融市场发展水平相比，在较低的金融市场发展水平中，会计信息质量能够对企业技术创新发挥出更大且更明显的积极作用，即金融市场发展水平和会计信息质量在促进企业技术创新方面是替代关系，这支持了假设H5.5。

5.3.5 不同政府干预环境下会计信息质量对企业技术创新的影响的检验

表5.6的第（1）列和第（2）列是通过模型（5.2）计算的政府干预程度对企业技术创新影响的回归结果。表5.6的第（3）列、第（4）列、第（5）列和第（6）列是通过模型（5.3）计算的不同政府干预程度的制度环境中，会计信息质量对企业技术创新影响的回归结果。表5.6的第（3）列、第（4）列、第（5）列和第（6）列是按照政府干预环境的严重程度（*Gov*）的高低进行的分组（政府干预环境的严重程度大于中间值则记为政府干预环境的严重程度较高组*GovC*=0，政府干预环境的严重程度小于或等于中间值则记为政府干预环境的严重程度较低组*GovC*=1）。由表5.6的第（1）列和第（2）列可知，政府干预程度（*Gov*）的系数分别为0.2617和0.2053，对应的t值分别为8.110和6.629，即均在1%的水平上显著。这说明较低的政府干预程度有助于促进企业技术创新。这支持了假设H5.7。进一步，按照较低的政府干预程度（*GovC*=0）和较高的政府干预程度（*GovC*=1）进行分组进行检验，回归结果，如表5.6的第（3）列和第（5）列所示，在较高的政府干预程度环境中（*GovC*=0），会计信息质量（*AQ*）分别为0.7957和0.6814，对应的t值分别为4.366和3.958，即在1%的显著性水平上显著为正。如表5.6的第（4）列和第（6）列所示，在较低的政府干预程度环境中（*GovC*=1），

会计信息质量（$\underline{AQ}$）的系数分别为 0.1009 和 0.0261，对应的 t 值分别为 1.916 和 1.828，即在 10% 的显著性水平上显著为正。由表 5.6 的第（3）列和第（4）列比较，可发现在较高的政府干预程度环境中（$GovC=0$），会计信息质量对企业技术创新的影响更大（0.7957 > 0.1009），并且对应的 t 值也更大（4.366 > 1.916）。

表 5.6　　政府干预环境、会计信息质量与企业技术创新

变量	(1) All *Inov*0	(2) All *Inov*1	(3) *GovC* = 0 *Inov*0	(4) *GovC* = 1 *Inov*0	(5) *GovC* = 0 *Inov*1	(6) *GovC* = 1 *Inov*1
常数项	-25.7353 *** (-25.163)	-24.1124 *** (-24.426)	-25.4636 *** (-13.425)	-22.1747 *** (-13.226)	-23.2878 *** (-12.978)	-20.2442 *** (-12.657)
$\underline{AQ}$			0.7957 *** (4.366)	0.1009 * (1.916)	0.6814 *** (3.958)	0.0261 * (1.828)
Gov	0.2617 *** (8.110)	0.2053 *** (6.629)	0.2783 ** (2.238)	0.1624 *** (3.568)	0.1032 * (1.891)	0.0806 * (1.929)
Size	0.9203 *** (21.814)	0.8901 *** (21.820)	0.8645 *** (14.057)	0.8349 *** (11.463)	0.9031 *** (15.088)	0.7582 *** (11.090)
Lev	-1.5918 *** (-8.387)	-1.7869 *** (-8.533)	-1.4928 *** (-6.250)	-1.3722 *** (-4.205)	-2.0772 *** (-7.081)	-1.1567 *** (-3.707)
Indi	0.8653 (1.423)	0.8809 (1.538)	1.4129 (1.554)	0.5914 (0.719)	0.7519 (0.876)	0.9313 (1.229)
State	-0.0008 (-0.490)	-0.0005 (-0.288)	0.0027 (1.137)	-0.0019 (-0.780)	0.0035 (1.560)	-0.0029 (-1.246)
HHI	3.2656 (1.348)	-0.4891 (-0.182)	3.4968 (1.184)	0.2999 (0.058)	-2.7341 (-0.838)	2.1966 (0.478)
Listy	6.2073 *** (8.380)	6.6901 *** (9.663)	6.9900 *** (7.311)	3.6844 *** (2.948)	7.3489 *** (8.267)	5.3069 *** (4.311)
Ind	控制	控制	控制	控制	控制	控制
Year	控制	控制	控制	控制	控制	控制
N	7193	7193	3628	3565	3628	3565
Pseudo R^2	0.1457	0.1586	0.1683	0.1208	0.1877	0.1421

注：*** 、** 和 * 分别表示至少在 1% 、5% 以及 10% 的显著性水平上显著。

由表5.6的第（5）列和第（6）列比较可知，在较高的政府干预程度环境中（$GovC=0$），会计信息质量对企业技术创新的影响更大（$0.6814>0.0261$），并且对应的t值也更大（$3.958>1.828$）。这意味着，与较低的政府干预程度相比，在较高的政府干预程度环境中，会计信息质量能够对企业技术创新发挥出更大且更明显的积极作用，即政府干预程度和会计信息质量在促进企业技术创新方面是替代关系，这支持了假设H5.9。

5.3.6 实证结论与政策启示

综合而言，本章从法治环境、金融市场环境和政府干预环境三个方面，探讨了制度环境对企业技术创新的影响，会计信息对企业技术创新的影响，以及制度环境和会计信息对企业技术创新影响的相互关系。本章得出以下结论：相对于在较完善的制度环境中的企业，在较不完善的制度环境中的企业技术创新水平较低；与较完善的制度环境相比，在较不完善的制度环境中，会计信息对企业技术创新的影响更高。从法治环境、金融市场环境和政府干预环境三个维度的制度环境探讨，会计信息质量和制度环境在影响企业技术创新方面存在替代关系。

这部分研究内容具有理论方面和实践方面的启示。理论方面的启示为：在考虑会计信息质量对企业技术创新的影响时，结合企业所处的制度环境考虑，有助于更客观地认识会计信息质量对企业技术创新的条件约束。本章研究从企业技术创新方面支持了会计信息质量和制度环境存在替代关系的学术观点，而并不支持会计信息质量和制度环境存在互补关系的学术观点。这是因为：（1）与较完善的法治环境相比，在较不完善的法治环境中，一方面，各种监管机构也相对较落后，投资者的利益得不到充分的保护，代理问题会更为严重；另一方面，与企业信息分析相关的专业机构相对欠缺并且专业水平有限。因而，在不完善的法治环境中，会计信息治理功能的边际增量较高，且会计信息对外提供的信息边际增量较大，从而会对企业技术创新发挥更高的影响。（2）与较完善的金融市场环境相比，在较不完善的金融市场环境中，投资者的事前和事后信息不对称程度均较高，因而伴随的投资风险较高，因而更需要企业提供较高的会计信息质量来降低企业内外部的信息不对称程度以及与之伴随的投资风险。因而在较不完善的金融环境中，会计信息对信息不对称降低的边际贡献更高，从而对企业融资的边际作用也更高，进而会对企业技术创新发挥更显著的作用。（3）在我国经济转型阶段，市场机制尚欠完善，与西方发达国家相比，我国市场需要更多地结合政府来实现资源的有效配置，并且我国政府干预存在一定的理性，政府干预更多体现为“扶持之手”政府在对资源配置的过程中也需要经过独立第三方审计的会计信息的支持，因而在政府干预程度较高的环境中，较高的会计信息质量对企业技术创新发挥经济影响更高。

在管理等实践方面的启示是：建设法治环境以保护投资者权益，推动金融市场发展以构建企业良好的融资环境，降低政府对资源配置的干预作用以及政府干预的低效率资源配置的经济影响，从而有助于企业技术创新。然而，由于制度环境的完善是一个长期逐步积累的过程，本章认为，在现阶段企业可通过提供较高的会计信息质量来弱化不完善的制度环境对企业技术创新的负向影响。本章证实了在制度环境建设和逐步完善的过程中通过较高的会计信息质量来降低企业技术创新相关交易成本的现实意义。

5.4　本章小结

本章以制度理论、代理理论和契约理论为基础，在不同制度环境下，会计信息质量对企业技术创新的影响的差异进行了分析。根据以往研究，本章从法治环境、金融市场环境和政府干预环境三个维度的制度环境探究了会计信息质量对企业技术创新影响的制度依存性。本章阐释了会计信息质量“何时”能够对企业技术创新产生影响。首先，对法治环境的完善程度、金融市场环境的发展水平和政府干预环境的严重程度影响企业技术创新的机理进行了分析，并对不同完善程度的法治环境、不同的发展水平的金融市场和不同严重程度的政府干预环境的制度环境中，会计信息质量对企业技术创新发挥影响的差异进行了机理分析，并提出相应的研究假设；其次，对提出的研究假设进行相应检验。

本章研究结果表明，较高的完善程度的法治环境、较高的发展水平的金融市场环境和较低的严重程度的政府干预环境均会对企业技术创新产生显著的正向影响，并且在较低的完善程度的法治环境、较低的发展程度的金融市场环境和较高的严重程度的政府干预程度的制度环境中，较高的会计信息质量对企业技术创新发挥的正向影响程度均更高。本章研究整体表明，制度环境和会计信息质量在促进企业技术创新方面存在替代关系，而非互补关系，即在不完善的制度环境中，较高的会计信息质量对企业技术创新发挥的促进作用更高。

第 6 章
会计信息质量对企业技术创新价值效应影响的研究

6.1 会计信息质量对企业技术创新价值效应影响的研究假设

企业技术创新对企业核心竞争力的建设和国家经济的可持续发展均有重要意义（Schumpeter，1942）。我国企业对研发投入的规模不断扩大，企业专利申请的数量日益增长（梁彤缨等，2015），那么企业技术创新是否能够顺利转化成企业价值？如何能够提高企业技术创新转化成企业价值的效率？目前研究主要关注企业技术创新会受到哪些因素的影响（Acemoglu et al.，2012），对企业技术创新的价值效应的研究较少。对于企业来说，实现技术创新并不是最终目的，企业技术创新必须能够顺利发挥出价值效应，才能给企业带来最终的效益。因此，只有进一步探究会计信息质量如何影响企业技术创新的价值效应，才能够从更深的层次来理解会计信息质量对企业技术创新的影响。从企业的角度看，技术创新的价值效应是指企业技术创新对企业价值的影响，包括企业技术创新对企业生产价值、财务价值和市场价值三个维度的企业价值的影响。尽管三个维度的企业价值存在联系，但三者内涵有显著差异且并非单调线性关系。生产价值代表企业的生产效率（吴延兵，2008），财务价值体现为企业的经营绩效（王燕妮和刘燕妮，2015），市场价值则是指企业的股票价值（Francis and Smith，1995）。若市场存在委托代理问题、信息不对称或投资者欠理性等摩擦，会进一步加大三个维度的价值分歧。因此，本章将从三个维度的企业价值全面探究企业技术创新的价值效应，以及会计信息质量对企业技术创新价值效应的影响。

6.1.1 会计信息质量对企业技术创新的生产价值效应的影响

古典经济学家认为，资本积累是企业生产价值增长的推动力。但由于资本边际报酬递减规律的客观存在，企业仅依靠资本积累，其生产效率的提高终将会出现停滞。据外生增长理论可知，企业技术创新可向上整体移动企业的生产函数，打破企业生产效率增长停滞的局面（Solow，1957）；据内生增长理论可知，企业技术创新可以提高生产要素的生产效率，克服传统经济模型中资本边际报酬递减规律的限制，从而可提升企业的生产价值（Acemoglu et al.，2012；Martos-Partal，2012）。另外，企业技术创新不仅能够提高现有产品生产效率，还能够推进企业积极开发出新产品并扩展企业的生产领域，有助于企业迅速占领新的消费市场，为企业新的业务增长点提供产品，从而增加企业的生产价值（罗婷等，2009）。此外，企业技术创新还有助于改进生产流程，进而对企业的生产价值发挥正向影响（陈修德等，2011）。

根据前述分析，提出如下假设：

H6.1：企业技术创新对生产价值有正向影响。

首先，会计信息是维持企业有效投资秩序的基础，较高的会计信息质量能够有效地缓解逆向选择问题和道德风险问题，从而可降低企业低效率投资程度（Balakrishnan et al.，2014），此时，企业技术创新是更有效的，企业技术创新的方向与企业的业务增长点更为一致，企业技术创新对生产价值的边际贡献也就越高。

其次，较高的会计信息质量能够降低企业内外部的信息不对称程度，从而不仅可以在管理者提供服务之初，提高投资者与管理者签订的管理者薪酬契约的有效性，还可以在管理者提供服务之后，更好地反映出管理者的努力程度和经营成果，并能够提高管理者薪酬业绩敏感度（Bushman and Smith，2001）。这会使管理者更有动力利用企业技术创新改善现有生产流程，并将企业技术创新成果应用于开发新产品，进而可提高企业生产价值。

最后，企业技术创新在实现产品化的过程中需要大量的资金支持，较高的会计信息质量能够有效地改善企业的融资状况（Gopalakrishnan et al.，2015），从而可降低企业技术创新在产品化的过程中因缺乏资金而失败的可能性，从而可提升企业技术创新转化为企业生产价值的效率。

由此，提出如下假设：

H6.2：较高的会计信息质量能够提高企业技术创新对生产价值的正向影响。

6.1.2 会计信息质量对企业技术创新的财务价值效应的影响

根据可竞争性理论，企业技术创新能够给企业带来超额利润从而可提高企业的盈利水平及其财务价值（Chen and Schwartz，2013）。这是因为企业技术创新，给企业带来的生产技术的提升，一方面，能够使企业以较低的成本提供同质产品，或者以同样的成本提供更优质的产品，从而提高企业的成本领先优势（Chen and Schwartz，2013；陈超等，2014）；另一方面，能够有助于企业提供与竞争对手差异性较高的产品以满足消费者新的需求，给企业带来产品差异化优势。成本领先优势有助于企业将其成本优势直接转化为高于竞争厂商的利润；产品差异化优势有助于企业达到提高占有市场的目的，有利于企业快速获得新产品相关市场的垄断优势，取得新产品相关的超额利润，获得更高的盈利水平，从而提高企业的财务价值（Roberts，2015）。可见，无论是成本领先优势，还是产品差异化优势，均可成为企业超额利润的有力保障。因此，企业技术创新可以显著地提升企业的盈利水平（Armstrong et al.，2015）。

据此，提出如下假设：

H6.3：企业技术创新对财务价值有正向影响。

首先，较高的会计信息质量能够降低投资者的信息劣势，从而可加大投资者对企业管理者的监管力度，提高管理者的经营效率（Balakrishnan，2014），降低企业技术创新因经营不善而转化失败的可能性，进而降低了企业技术创新的相关费用，增强企业技术创新对企业盈利水平的正向影响，提高企业技术创新对企业财务价值的经济贡献。

其次，较高的会计信息质量能够增强管理者的薪酬业绩敏感度（Bushman and Smith，2001），一方面，在企业实施技术创新之前，管理者就会付出更多的努力来权衡技术创新的风险和收益（王凤彬和杨阳，2013），从而提高企业技术创新成果的质量及企业的盈利水平，强化企业技术创新对财务价值的积极影响；另一方面，在实施技术创新之后，管理者会更加关注并更有动力根据市场需求将企业技术创新成果及时转化为产品并拓展相应产品的销售渠道，从而能够增强企业技术创新对企业的盈利水平的贡献，进而提高企业技术创新对财务价值的正向影响。

最后，较高的会计信息质量能够降低企业管理者出于避税目的而虚高研发费用等与企业技术创新相关的会计项目账面数值的可能性（Bushman and Smith，2001；李维安等，2013），而企业与企业技术创新相关的账面成本和费用越低，企业技术创新的账面单位资源回报率就越高，企业技术创新与企业的账面盈利水平的相关度也就越大。而企业的账面盈利水平是企业财务价值的重要体现（王燕妮和刘艳妮，2015；朱英姿和许丹，2013）。可见，会计信息质量越高，技术创新对企业的财务价值的正向影响也就越明显。

据此，提出如下假设：

H6.4：较高的会计信息质量能够提高企业技术创新对财务价值的正向影响。

6.1.3 会计信息质量对企业技术创新的市场价值效应的影响

由信号传递原则可知，企业的行为能够向外界传达其未来收益状况的相关信息，因此，投资者会根据企业的不同投资行为来对企业的市场价值进行判断。对于企业技术创新程度高的企业来说，投资者会获取企业拥有较良好发展前景与较广阔增长空间的信号，因而会为该企业支付更高的价格（陈修德等，2011）。另外，由于企业技术创新可提高企业未来的盈利能力，增加企业未来现金流的现值，根据现金流贴现模型可知，企业技术创新可提高企业股票的内在价值。此外，从资本定价模型来看，企业的期望收益率越高，企业股票价格的增长空间也就越大。即企业技术创新能够提高企业的期望收益率，因而企业技术创新可提高企业的股票价格及企业的市场价值。

据此，提出如下假设：

H6.5：企业技术创新对市场价值有正向影响。

首先，较高的会计信息质量可使投资者获得更多有用信息，提高投资者对企业技术创新的估值效率。与一般项目相比，企业技术创新具有更高的投资回报率，但企业技术创新因其技术含量高且无形性高，投资者对其进行评估的难度较高。较高的会计信息质量可提升投资者对企业技术创新的客观认知水平，使投资者为企业技术创新支付更高的股票价格，从而可提升企业的市场价值。

其次，企业技术创新往往伴随着较高的风险，投资者对企业技术创新方面的信息不对称的敏感程度更高，并因此会要求更高的风险补偿（Hall and Lerner，2010）。而较高的会计信息质量能够有效地降低信息摩擦，从而会降低企业需要为投资者支付的风险补偿（Bena and Li，2014；Gopalakrishnan et al.，2015），进而可提高投资者为企业技术创新支付的股票价格，终而可提高企业的市场价值。

因此，提出如下假设：

H6.6：较高的会计信息质量能够提高企业技术创新对市场价值的正向影响。

6.2 实证研究与设计

6.2.1 研究样本与数据来源

本书在实证主体部分以2003～2013年A股上市公司为研究对象。（1）从国家知识产权局网站手工搜集每家上市公司以专利申请人身份申请的专利数据。(2) 其他企业相关数据来自 CSMAR 数据库和 RESSET 数据库。(3) 剔除了金融行业公司的数据。(4) 对资产规模等连续变量进行了 1% 分位及 99% 分位处理。(5) 剔除了变量数据缺失的公司的数据。(6) 删除了年度观测值不足 30 家公司的行业数据。

6.2.2 变量定义与实证模型设计

以往研究大多通过柯布－道格拉斯生产函数（C-D 函数）来度量企业技术创新对生产价值的影响。本书在传统的 C-D 函数的基础上，将企业技术创新引入生产要素，并考虑了时间效应和行业效应，扩展后的 C-D 函数可以表示为：

$$Y_{i,t} = AL_{i,t}^{\alpha}K_{i,t}^{\beta}InovN_{i,t}^{\gamma}e^{\lambda_i+\mu_t+\varepsilon_{i,t}} \tag{6.1}$$

其中，Y 表示产出，L、K 和 $Inov$ 分别代表资本、劳动和技术创新要素。α、β 和 γ 则分别表示资本、劳动和企业技术创新的产出弹性。A 表示常数项，即除了资本要素和劳动要素投入之外影响产出的要素。λ 表示时间效应。μ 表示行业效应。模型（6.1）两端同时取对数，并且通过 $InovN$（$Inov0$ 和 $Inov1$）、$Year$ 和 Ind 来表示经转换后等式中的企业技术创新、时间效应和行业效应，可得：

$$\begin{aligned} lnY_{i,t} = {} & lnA + \beta_1 lnL_{i,t} + \beta_2 lnK_{i,t} + \beta_3 Inov0_{i,t}(Inov1_{i,t}) + \beta_4 Cash_{i,t} + \beta_5 HHI_{i,t} \\ & + \beta_6 H5_{i,t} + \beta_7 Listy_{i,t} + \sum Ind + \sum Year + \varepsilon_{i,t} \end{aligned} \tag{6.2}$$

若技术创新的系数为正，则说明技术创新的产出弹性为正且对企业生产价值有正向影响。根据前文假设 H6.1，预期企业技术创新（$Inov0$ 和 $Inov1$）的系数显著为正。

为探求会计信息质量是否能够提高或者降低企业技术创新对生产价值的影响，设计了模型（6.3）。若会计信息质量能够提高企业技术创新对生产价值的正向影响，会计信息质量与企业技术创新的交互项（$AQ \times Inov0$ 和 $AQ \times$

$Inov1$）的系数应显著为正。若会计信息质量能够降低企业技术创新对生产价值的正向影响，会计信息质量与企业技术创新的交互项（$AQ \times Inov0$ 和 $AQ \times Inov1$）的系数应显著为负。即，若本书结论支持假设 H6.2，则会计信息质量与企业技术创新的交互项（$AQ \times Inov0$ 和 $AQ \times Inov1$）的系数显著为正。

$$lnY_{i,t} = lnA + \beta_1 lnL_{i,t} + \beta_2 lnK_{i,t} + \beta_3 Inov0_{i,t}(Inov1_{i,t}) + \beta_4 AQ_{i,t} \times Inov0_{i,t}(AQ_{i,t} \times Inov1_{i,t}) + \beta_5 AQ_{i,t} + \beta_6 Cash_{i,t} + \beta_7 HHI_{i,t} + \beta_8 H5_{i,t} + \beta_9 Listy_{i,t} + \sum Ind + \sum Year + \varepsilon_{i,t} \quad (6.3)$$

为检验企业技术创新对财务价值的影响，本书设计了模型（6.4）。根据假设 H6.3，预期模型（6.4）中企业技术创新（$Inov0$ 和 $Inov1$）系数显著为正。

$$ROA_{i,t} = \alpha_0 + \beta_1 Inov0_{i,t}(Inov1_{i,t}) + \beta_2 Size_{i,t} + \beta_3 Cash_{i,t} + \beta_4 HHI_{i,t} + \beta_5 H5_{i,t} + \beta_6 Listy_{i,t} + \sum Year + \sum Ind + \varepsilon_{i,t} \quad (6.4)$$

为考察会计信息质量是否能够提高或者降低企业技术创新对财务价值的影响，设计了模型（6.5）进行回归分析。据假设 H6.4，预期模型（6.5）中会计信息质量与企业技术创新的交互项（$AQ \times Inov0$ 和 $AQ \times Inov1$）系数显著为正。

$$ROA_{i,t} = \alpha_0 + \beta_1 Inov0_{i,t}(Inov1_{i,t}) + \beta_2 AQ_{i,t} \times Inov0_{i,t}(AQ_{i,t} \times Inov1_{i,t}) + \beta_3 AQ_{i,t} + \beta_4 Size_{i,t} + \beta_5 Cash_{i,t} + \beta_6 HHI_{i,t} + \beta_7 H5_{i,t} + \beta_8 Listy_{i,t} + \sum Year + \sum Ind + \varepsilon_{i,t} \quad (6.5)$$

为检验企业技术创新对市场价值的影响，本书设计了模型（6.6）。据假设 H6.5，预期模型（6.6）中企业技术创新（$Inov0$ 和 $Inov1$）系数显著为正。

$$Q_{i,t} = \alpha_0 + \beta_1 Inov0_{i,t}(Inovl_{i,t}) + \beta_2 Size_{i,t} + \beta_3 Cash_{i,t} + \beta_4 HHI_{i,t} + \beta_5 H5_{i,t} + \beta_6 Listy_{i,t} + \sum Year + \sum Ind + \varepsilon_{i,t} \quad (6.6)$$

为判断会计信息质量是否能够提高或者降低企业技术创新对市场价值的影响，设计设计了模型（6.7）进行回归分析。根据前文假设 H6.6，预期模型（6.7）中会计信息质量与企业技术创新的交互项（$AQ \times Inov0$ 和 $AQ \times Inov1$）系数显著为正。

$$Q_{i,t} = \alpha_0 + \beta_1 Inov0_{i,t}(Inov1_{i,t}) + \beta_2 AQ_{i,t} \times Inov0_{i,t}(AQ_{i,t} \times Inov1_{i,t}) + \beta_3 AQ_{i,t} + \beta_4 Size_{i,t} + \beta_5 Cash_{i,t} + \beta_6 HHI_{i,t} + \beta_7 H5_{i,t} + \beta_8 Listy_{i,t} + \sum Year + \sum Ind + \varepsilon_{i,t} \tag{6.7}$$

各变量汇总，请见表6.1。

表6.1　　变量定义表

变量名称	变量	变量说明	文献依据
生产价值	lnY	主营业务收入的对数	吴延兵（2008）
财务价值	*ROA*	资产收益率	王燕妮和刘艳妮（2015）
市场价值	*Q*	所有者权益和负债的市场价值与公司账面总资产的比值	王凤彬和杨阳（2013）
企业技术创新	*Inov0*	发明专利、外观设计以及实用新型总申请量与1之和的对数	Tian and Wang（2014）
企业技术创新	*Inov1*	发明专利申请量与1之和的对数	Tan et al.（2015）
会计信息质量	*AQ*	会计信息质量综合属性的算数平均值	Ecker et al.（2006）和李青原（2009）
公司规模	*Size*	总资产的对数	柳建华（2009）
资产负债率	*Lev*	总负债与总资产的比值	He and Tian（2013）
股权集中度	*H5*	前五大股东持股比例	李维安等（2013）
行业竞争程度	*HHI*	以销售额为依据计算的赫芬达尔－赫希曼指数HHI	He and Tian（2013）
上市年限	*Listy*	观测年份减去企业上市年份加1的自然对数	李延喜等（2015）
行业类型	*Ind*	行业虚拟变量，属于该行业时，赋值为1，否则赋值为0	He and Tian（2013）
年份	*Year*	年度虚拟变量，处于该年份时，赋值为1，否则赋值为0	He and Tian（2013）

6.3 实证结果分析与讨论

6.3.1 描述性统计分析

表6.2按照会计信息质量的高低将样本分为两组（会计信息质量大于或等于中间值则记为较高会计信息质量组 $AQC=1$，会计信息质量低于中间值则记为较低会计信息质量组 $AQC=0$）。

表6.2 变量的描述性统计结果

	低会计信息质量组（$AQC=0$）				高会计信息质量组（$AQC=1$）			
变量	均值	标准差	最小值	最大值	均值	标准差	最小值	最大值
ln*Y*	21.396	1.272	14.752	25.789	20.448	1.424	7.125	25.811
Q	1.526	0.815	0.668	7.515	1.731	1.025	0.667	7.457
ROA	0.034	0.088	-3.571	0.494	0.009	0.139	-3.042	2.810
*Inov*0	0.511	1.052	0	5.130	0.957	1.358	0	5.142
*Inov*1	0.283	0.694	0	5.075	0.602	1.015	0	4.963
Cash	0.057	0.066	-0.212	0.277	0.035	0.082	-0.214	0.277
ln*L*	20.610	1.303	14.392	24.831	19.300	1.384	9.746	23.707
ln*K*	7.878	1.196	2.639	11.638	6.995	1.309	2.197	10.744
Size	21.962	1.057	18.979	25.183	21.163	0.985	18.812	25.101
HHI	0.042	0.068	0.006	1	0.044	0.064	0.006	0.968
*H*5	0.193	0.133	0.000	0.726	0.167	0.125	0.000	0.800
Listy	2.336	0.395	0.693	3.178	2.410	0.358	0.693	3.135

由表6.2可知，低会计信息质量组企业的生产价值（ln*Y*）均值约为21.396，高会计信息质量组企业的生产价值（ln*Y*）为20.448，低会计信息质量组企业的生产价值要高于高会计信息质量组企业的生产价值。低会计信息

质量组的企业财务价值（*ROA*）均值约为0.034，高会计信息质量组的该值为0.009。两组企业的市场价值（*Q*）分别为1.526和1.731。高会计信息质量组企业市场价值（*Q*）约为低会计信息质量组企业市场价值（*Q*）的1.141倍。低会计信息质量组企业技术创新（*Inov*0和*Inov*1）均值分别为0.511和0.283，高会计信息质量组企业技术创新（*Inov*0和*Inov*1）均值分别为0.957和0.602。

6.3.2 会计信息质量对企业技术创新的生产价值效应的影响的检验

表6.3是按模型（6.2）计算的回归结果，表示企业技术创新的生产价值效应。

表6.3 企业技术创新的生产价值效应的多元回归分析

变量	(1) ln*Y* *InovN* = *Inov*0	(2) ln*Y* *InovN* = *Inov*1
常数项	-1.4665 *** (-8.183)	-1.5077 *** (-8.390)
ln*K*	0.0352 *** (4.288)	0.0338 *** (4.110)
ln*L*	0.1486 *** (21.134)	0.1518 *** (21.581)
InovN	0.0541 *** (9.197)	0.0449 *** (5.582)
Size	0.9350 *** (88.431)	0.9394 *** (88.699)
Cash	1.4632 *** (16.527)	1.4761 *** (16.633)
*H*5	0.5372 *** (10.071)	0.5234 *** (9.795)

续表

变量	(1) lnY InovN = Inov0	(2) lnY InovN = Inov1
Listy	0.0400 ** (2.057)	0.0274 (1.407)
Ind	控制	控制
Year	控制	控制
N	10731	10731
AR^2	0.779	0.778

注：***、** 分别表示在 1%、5% 水平上显著。

表 6.3 的第（1）列中，企业技术创新（*Inov*0）的系数为 0.0541，对应的 t 值为 9.197；表 6.3 的第（2）列中，企业技术创新（*Inov*1）的系数为 0.0449，对应的 t 值为 5.582。由表 6.3 可见，无论通过企业申请的专利数量总量与 1 之和的对数来度量企业技术创新（*Inov*0），还是通过企业申请的发明专利数量总量与 1 之和的对数来度量企业技术创新（*Inov*1），企业技术创新（*Inov*0 和 *Inov*1）的系数均在 1% 的显著性水平上显著为正，这表明企业技术创新能够显著提高企业的生产价值，这支持了本书假设 H6.1，即企业技术创新存在显著的正向生产价值效应。

表 6.4 是按模型（6.3）计算的回归结果，表示的是会计信息质量对企业技术创新的生产价值效应的影响。

表 6.4　会计信息质量对企业技术创新的生产价值效应影响的多元回归分析

变量	(1) lnY InovN = Inov0	(2) lnY InovN = Inov1
常数项	-1.6605 *** (-9.030)	-1.6914 *** (-9.171)
ln*K*	0.0409 *** (4.922)	0.0392 *** (4.710)
ln*L*	0.1488 *** (21.177)	0.1519 *** (21.600)

续表

变量	(1) lnY InovN = Inov0	(2) lnY InovN = Inov1
InovN	0.1561 *** (8.182)	0.1890 *** (6.607)
AQ × *InovN*	0.0017 *** (5.532)	0.0024 *** (5.175)
AQ	0.0037 * (1.855)	0.0028 * (1.887)
Size	0.9412 *** (87.770)	0.9455 *** (88.005)
Cash	1.4958 *** (16.877)	1.4989 *** (16.867)
H5	0.5309 *** (9.969)	0.5204 *** (9.751)
Listy	0.0347 * (1.759)	0.0230 (1.162)
Ind	控制	控制
Year	控制	控制
N	10731	10731
AR^2	0.780	0.779

注：***、* 分别表示至少在 1%、10% 的显著性水平上显著。

由表 6.4 的第（1）列可知，会计信息质量和企业技术创新交互项（*AQ* × *Inov*0）的系数为 0.0017，对应的 t 值为 5.532。由第（2）列可知，会计信息质量和企业技术创新交互项（*AQ* × *Inov*1）的系数为 0.0024，对应的 t 值为 5.175。可见，无论通过企业申请的专利数量总量与 1 之和的对数来度量技术创新（*Inov*0），还是通过企业申请的发明专利数量总量与 1 之和的对数来度量技术创新（*Inov*1），会计信息质量和企业技术创新交互项（*AQ* × *Inov*0 和 *AQ* × *Inov*1）的系数均在 1% 的显著性水平上为正，这表明较高的会计信息质量可提高企业技术创新对企业生产价值的正向影响，这支持了本书假设 H6.2。此外，表 6.4 的第（1）列和第（2）列中，企业技术创新的系数均在

1%的水平上显著为正，再次验证了企业技术创新存在正向价值效应。

6.3.3 会计信息质量对企业技术创新的财务价值效应的影响的检验

模型（6.4）的回归结果如表6.5所示。

表6.5 企业技术创新的财务价值效应的多元回归分析

变量	(1) *ROA* *InovN* = *Inov*0	(2) *ROA* *InovN* = *Inov*1
常数项	−0.1966*** (−10.118)	−0.2006*** (−10.319)
InovN	0.0047*** (6.293)	0.0050*** (4.889)
Size	0.0114*** (13.677)	0.0116*** (14.029)
Cash	0.2960*** (26.754)	0.2967*** (26.789)
H5	0.0298*** (4.419)	0.0290*** (4.298)
Listy	−0.0171*** (−6.940)	−0.0177*** (−7.189)
Ind	控制	控制
Year	控制	控制
N	10731	10731
AR^2	0.136	0.154

注：*** 表示至少在1%的显著性水平上显著。

表6.5表示的是技术创新的财务价值效应。由表6.5的第（1）列可知，企业技术创新（*Inov*0）的系数为0.0047，对应的t值为6.293；由表6.5的第（2）列可知，企业技术创新（*Inov*1）的系数为0.0050，对应的t值为4.889，

即通过企业申请的专利数量总量与1之和的对数来度量技术创新（*Inov*0），通过企业申请的发明专利数量总量与1之和的对数来度量技术创新（*Inov*1），企业技术创新（*Inov*0和*Inov*1）的系数均在1%的显著性水平上为正，这表明企业技术创新可显著地提高自身盈利水平，即企业的技术创新存在显著的正向财务价值效应，这支持了本书假设H6.3。

表6.6为模型（6.5）的回归结果，表示的是会计信息质量对企业技术创新的财务价值效应影响。

表6.6　会计信息质量对企业技术创新的财务价值效应影响的多元回归分析

变量	(1) *ROA* *InovN* = *Inov*0	(2) *ROA* *InovN* = *Inov*1
常数项	-0.1800*** (-8.908)	-0.2170*** (-11.052)
InovN	0.0057** (2.356)	0.0090** (2.482)
AQ × *InovN*	0.0117* (1.808)	0.0132** (2.215)
AQ	0.0024*** (2.896)	0.0032*** (3.285)
Size	0.0101*** (10.748)	0.0103*** (10.972)
Cash	0.2925*** (26.286)	0.2928*** (26.292)
H5	0.0306*** (4.527)	0.0299*** (4.426)
Listy	-0.0158*** (-6.298)	-0.0162*** (-6.463)
Ind	控制	控制
Year	控制	控制
N	10731	10731
AR^2	0.215	0.375

注：***、**和*分别表示至少在1%、5%以及10%的显著性水平上显著。

由表6.6的第（1）列可知，会计信息质量和企业技术创新交互项（$AQ \times Inov0$）的系数为0.0117，对应的t值为1.808；由表6.6的第（2）列可知，会计信息质量和企业技术创新交互项（$AQ \times Inov1$）的系数为0.0132，对应的t值为2.215，可见，无论通过企业申请的专利数量总量与1之和的对数来度量技术创新（*Inov0*），还是通过企业申请的发明专利数量总量与1之和的对数来度量技术创新（*Inov1*），会计信息质量和企业技术创新交互项（$AQ \times Inov0$ 和 $AQ \times Inov1$）的系数至少在10%的水平上显著，这表明较高的会计信息质量能够提高企业技术创新对企业财务价值的正向影响，这支持了假设H6.4。

6.3.4 会计信息质量对企业技术创新的市场价值效应的影响的检验

表6.7是按模型（6.6）计算的回归结果，表示的是企业技术创新的市场价值效应。

表6.7　　企业技术创新的市场价值效应的多元回归分析

变量	(1) *Q* *InovN* = *Inov0*	(2) *Q* *InovN* = *Inov1*
常数项	9.2072 *** (56.901)	9.2402 *** (57.159)
InovN	0.0388 *** (6.266)	0.0650 *** (7.692)
Size	−0.3589 *** (−51.874)	−0.3605 *** (−52.245)
Cash	1.1868 *** (12.877)	1.1791 *** (12.803)
H5	−0.0802 (−1.427)	−0.0795 (−1.415)

续表

变量	(1) Q *InovN* = *Inov*0	(2) Q *InovN* = *Inov*1
Listy	0.0869 *** (4.240)	0.0917 *** (4.479)
Ind	控制	控制
Year	控制	控制
N	10731	10731
AR^2	0.393	0.395

注：*** 表示至少在1%的显著性水平上显著。

表6.7的第（1）列，企业技术创新（*Inov*0）的系数为0.0388，对应的t值为6.266，表6.7的第（2）列中，企业技术创新（*Inov*1）的系数为0.0650，对应的t值为7.692，可见，无论通过企业申请的专利数量总量与1之和的对数来度量企业技术创新（*Inov*0），还是通过企业申请的发明专利数量总量与1之和的对数来度量企业技术创新（*Inov*1），企业技术创新（*Inov*0和*Inov*1）的系数均在1%的显著性水平上为正，这表明企业技术创新能够显著地提高企业的市场价值，即企业技术创新存在显著的正向市场价值效应，这些回归结果支持了本书假设H6.5。

表6.8是按模型（6.7）计算的回归结果，表示的是企业技术创新的市场价值效应。

表6.8　　企业技术创新的市场价值效应的多元回归分析

变量	(1) Q *InovN* = *Inov*0	(2) Q *InovN* = *Inov*1
常数项	9.2574 *** (54.988)	8.8935 *** (54.437)
InovN	0.0062 ** (2.305)	0.0582 * (1.932)
AQ × *InovN*	0.0061 *** (3.679)	0.0012 ** (2.217)

续表

变量	(1) Q $InovN = Inov0$	(2) Q $InovN = Inov1$
AQ	0.0018** (2.263)	0.0045* (1.835)
$Size$	−0.3619*** (−46.400)	−0.3639*** (−46.763)
$Cash$	1.1755*** (12.680)	1.1695*** (12.623)
$H5$	−0.0782 (−1.390)	−0.0776 (−1.381)
$Listy$	0.0880*** (4.220)	0.0947*** (4.546)
Ind	控制	控制
$Year$	控制	控制
N	10731	10731
AR^2	0.393	0.395

注：***、** 和 * 分别表示至少在 1%、5% 以及 10% 的显著性水平上显著。

表 6.8 的第（1）列中，会计信息质量和企业技术创新交互项（$AQ \times Inov0$）的系数为 0.0061，对应的 t 值为 3.679，表 6.8 的第（2）列中，会计信息质量和企业技术创新交互项（$AQ \times Inov1$）的系数为 0.0012，对应的 t 值为 2.217，可见，无论通过企业申请的专利数量总量与 1 之和的对数来度量企业技术创新（$Inov0$），还是通过企业申请的发明专利数量总量与 1 之和的对数来度量企业技术创新（$Inov1$），表 6.8 中，会计信息质量和企业技术创新交互项（$AQ \times Inov0$ 和 $AQ \times Inov1$）的系数至少在 5% 的显著性水平上为正，这表明会计信息质量对企业技术创新提高企业的市场价值的作用存在显著的正向影响，即会计信息质量能够显著地提升企业技术创新的市场价值效应，这些回归结果支持了本书假设 H6.6。

6.3.5 实证结论与政策启示

综合而言，本章研究表明，企业技术创新对企业的生产价值、财务价值和市场价值均具有正向影响；较高的会计信息质量有助于提高企业技术创新对生产价值、财务价值和市场价值的正向影响。本章研究启示在于以下方面。

对于企业来说，企业技术创新是其提升自身的生产价值、财务价值和市场价值的重要路径。这说明，从企业价值的角度看，我国企业普遍存在对技术创新投入不断加大和专利申请数量不断增多的行为是有效的。鉴于此，较高的会计信息质量能够为投资者的监管和市场资源的配置提供更有效的信息，企业可以通过提高自身会计信息质量的方式，提升企业技术创新价值的转化效率，增强技术创新对企业价值的正向影响。

对于政府来说，可以通过颁布促进企业技术创新的政策，激励企业积极进行技术创新，从而能够从生产价值、财务价值和市场价值三个维度来提升企业价值，进而增强经济增长的微观层面的推动力。为了增强企业技术创新的价值效应，政府可以通过优化会计制度和提高对企业会计信息质量监管力度等方式，引导并督促企业提高会计信息质量，降低企业技术创新转化为企业价值过程中的交易成本，提高企业技术创新对生产价值、财务价值和市场价值的经济贡献，进而提高我国企业响应“创新驱动发展战略”的积极性。

6.4 本章小结

本书研究表明，企业技术创新对企业的生产价值、财务价值和市场价值均有正向影响；较高的会计信息质量有助于增强企业技术创新对企业的生产价值、财务价值和市场价值的正向影响。对于企业来说，技术创新是其提升自身的生产价值、财务价值和市场价值的重要路径。这说明，从企业价值的角度看，我国企业普遍存在对技术创新投入不断加大和专利申请数量不断增多的行为是有效的。鉴于此，较高的会计信息质量能够为投资者监管和市场资源配置提供更有效的信息，从而提高企业技术创新价值转化效率，增强技术创新的市场价值效应。企业可以通过提高自身会计信息质量的方式提高企业技术创新对自身价值的正向影响。

参考文献

[1] 陈超，赵武阳，潘晶晶. 研发投入、融资能力与公司业绩——来自中国工业企业的大样本证据 [J]. 研究与发展管理，2014，26（3）：1－11.

[2] 陈丽红，张龙平，李青原，等. 会计信息会影响捐赠者的决策吗？——来自中国慈善基金会的经验证据 [J]. 会计研究，2015（2）：28－35.

[3] 陈胜蓝，魏明海. 投资者保护与财务会计信息质量 [J]. 会计研究，2006（10）：28－35.

[4] 陈修德，彭玉莲，卢春源. 中国上市公司技术创新与企业价值关系的实证研究 [J]. 科学学研究，2011，29（1）：138－146.

[5] 陈艳利，赵红云，戴静静. 政府干预、产权性质与企业脱困 [J]. 经济学动态，2015（7）：80－90.

[6] 程慧平，万莉，黄炜，等. 中国省际 R&D 创新与转化效率实证研究 [J]. 管理评论，2015，27（4）：29－37.

[7] 邓可斌，曾海舰. 中国企业的融资约束：特征现象与成因检验 [J]. 经济研究，2014（2）：47－60.

[8] 邓可斌，曾海舰. 中国企业的融资约束：特征现象与成因检验 [J]. 经济研究，2014（2）：47－60.

[9] 杜兴强，王丽华. 高层管理当局薪酬与上市公司业绩的相关性实证研究 [J]. 会计研究，2007（1）：58－65.

[10] 樊纲，王小鲁，朱恒鹏. 中国市场化指数—各地区相对进程 2011 年报告 [M]. 北京：经济科学出版社，2011：13－300.

[11] 范经华，张雅曼，刘启亮. 内部控制、审计师行业专长、应计与真

实盈余管理［J］. 会计研究，2013（4）：81－88.

［12］冯根福，赵珏航. 管理者薪酬、在职消费与公司绩效——基于合作博弈的分析视角［J］. 中国工业经济，2012（6）：147－158.

［13］冯根福. 双重委托代理理论：上市公司治理的另一种分析框架——兼论进一步完善中国上市公司治理的新思路［J］. 经济研究，2004（12）：16－25.

［14］付文林，赵永辉. 税收激励、现金流与企业投资结构偏向［J］. 经济研究，2014（5）：19－33.

［15］葛家澍，叶凡，冯星，等. 财务会计定义的经济学解读［J］. 会计研究，2013（6）：3－9.

［16］葛家澍，占美松. 会计信息质量特征与会计计量属性的选择［J］. 厦门大学学报（哲学社会科学版），2007（6）：77－81.

［17］葛家澍. 会计·信息·文化［J］. 会计研究，2012（8）：3－7.

［18］葛家澍. 制定中国会计准则，如何借鉴国际经验［J］. 会计研究，1992（4）：16－19.

［19］韩东平，张华，史建锋. 资本市场改革背景下的中国实证会计研究创新——第十二届中国实证会计国际研讨会综述［J］. 中国会计评论，2014（1）：99－112.

［20］韩剑，严兵. 中国企业为什么缺乏创造性破坏——基于融资约束的解释［J］. 南开管理评论，2013，16（4）：124－132.

［21］韩静，陈志红，杨晓星. 高管团队背景特征视角下的会计稳健性与投资效率关系研究［J］. 会计研究，2014（12）：25－31.

［22］胡宗良. 企业创新的本质是价值创造［J］. 经济纵横，2007（1）：68－70.

［23］黄福广，彭涛，邵艳. 地理距离如何影响风险资本对新企业的投资［J］. 南开管理评论，2014，17（6）：83－95.

［24］会计信息质量特征研究课题组. 对建立我国会计信息质量特征体系的认识［J］. 会计研究，2006（1）：16－24.

［25］江飞涛，耿强，吕大国，等. 地区竞争、体制扭曲与产能过剩的形

成机理 [J]. 中国工业经济, 2012 (6): 44-56.

[26] 姜付秀, 黄磊, 张敏. 产品市场竞争、公司治理与代理成本 [J]. 世界经济, 2009 (10): 46-59.

[27] 蒋涛, 刘运国, 徐悦. 会计业绩信息异质性与高管薪酬 [J]. 会计研究, 2014 (3): 18-25.

[28] 解维敏, 方红星. 金融发展、融资约束与企业研发投入 [J]. 金融研究, 2011 (5): 171-183.

[29] 金成隆, 陈俞如. 公司治理与专利权: 台湾地区新兴市场 [J]. 管理学报, 2005, 23 (1): 99-124.

[30] 康志勇. 融资约束、政府支持与中国本土企业研发投入 [J]. 南开管理评论, 2013, 16 (5): 61-70.

[31] 雷光勇, 王文, 金鑫. 盈余质量、投资者信心与投资增长 [J]. 中国软科学, 2011 (9): 144-155.

[32] 李大鹏, 周兵. 家族企业终极控制权、现金流量权与公司绩效的实证分析 [J]. 管理世界, 2014 (9): 180-181.

[33] 李后建, 刘思亚. 银行信贷、所有权性质与企业创新 [J]. 科学学研究, 2015, 33 (7): 1089-1099.

[34] 李后建, 张宗益. 金融发展、知识产权保护与技术创新效率——金融市场化的作用 [J]. 科研管理, 2014, 35 (12): 160-167.

[35] 李青原. 会计信息质量与公司资本配置效率——来自我国上市公司的经验证据 [J]. 南开管理评论, 2009, 12 (2): 115-124.

[36] 李维安, 李慧聪, 郝臣. 高管减持与公司治理创业板公司成长的影响机制研究 [J]. 管理科学, 2013, 26 (4): 1-12.

[37] 李延喜, 曾伟强, 马壮, 等. 外部治理环境、产权性质与上市公司投资效率 [J]. 南开管理评论, 2015, 18 (1): 25-36.

[38] 李延喜, 陈克兢, 刘伶, 等. 外部治理环境、行业管制与过度投资 [J]. 管理科学, 2013, 26 (1): 14-25.

[39] 李瑛, 杨蕾. 不同产权性质下会计稳健性与非效率投资行为实证研究 [J]. 预测, 2014, 33 (5): 36-41.

[40] 李泽广，马泽昊. 契约环境、代理成本与企业投资—债务期限关系 [J]. 管理世界，2013 (8)：183 - 185.

[41] 梁彤缨，雷鹏，陈修德. 管理层激励对企业研发效率的影响研究——来自中国工业上市公司的经验证据 [J]. 管理评论，2015，27 (5)：145 - 156.

[42] 林钟高，吴利娟. 公司治理与会计信息质量的相关性研究 [J]. 会计研究，2004 (8)：65 - 71.

[43] 刘凤委，孙铮，李增泉. 政府干预、行业竞争与薪酬契约——来自国有上市公司的经验证据 [J]. 管理世界，2007 (9)：76 - 84.

[44] 刘慧龙，王成方，吴联生. 决策权配置、盈余管理与投资效率 [J]. 经济研究，2014 (8)：93 - 106.

[45] 刘立国，杜莹. 公司治理与会计信息质量关系的实证研究 [J]. 会计研究，2003 (2)：28 - 36.

[46] 柳建华，魏明海，郑国坚. 大股东控制下的关联投资："效率促进"抑或"转移资源" [J]. 管理世界，2008 (3)：133 - 141.

[47] 柳卸林. 技术创新经济学 [M]. 北京：清华大学出版社，2014：20 - 45.

[48] 卢闯，李小燕，孙健. 盈余质量对控股股东掏空的影响 [J]. 中国软科学，2010 (2)：116 - 121.

[49] 卢锐. 企业创新投资与高管薪酬业绩敏感性 [J]. 会计研究，2014 (10)：36 - 42.

[50] 卢馨，郑阳飞，李建明. 融资约束对企业 R&D 投资的影响研究——来自中国高新技术上市公司的经验证据 [J]. 会计研究，2013，5：51 - 58.

[51] 陆静，周媛. 投资者情绪对股价的影响——基于 AH 股交叉上市股票的实证分析 [J]. 中国管理科学，2015，23 (11)：21 - 28.

[52] 逯东，孙岩，杨丹. 会计信息与资源配置效率研究述评 [J]. 会计研究，2012 (6)：19 - 24.

[53] 罗婷，朱青，李丹. 解析 R&D 投入和公司价值之间的关系 [J]. 金

融研究，2009（6）：100－110.

［54］潘琰，辛清泉．所有权、公司治理结构与会计信息质量——基于契约理论的现实思考［J］．会计研究，2004（4）：19－23.

［55］朴哲范，肖赵华．中小板上市公司增长与盈利能力动态相互影响研究——基于资本结构变动视角［J］．管理世界，2015，260（5）：184－185.

［56］饶艳超，胡奕明．银行信贷中会计信息的使用情况调查与分析［J］．会计研究，2005（4）：36－41.

［57］森德．会计与控制理论［M］．大连：东北财经大学出版社，2000：10－30.

［58］申慧慧，吴联生．股权性质、环境不确定性与会计信息的治理效应［J］．会计研究，2012（8）：8－16.

［59］盛金．内部控制对会计信息质量影响的研究［D］．长春：吉林大学，2014：75－90.

［60］孙伍琴，王培．中国金融发展促进技术创新研究［J］．管理世界，2013（6）：172－173.

［61］汤二子，王瑞东，刘海洋．研发对企业盈利决定机制的研究——基于异质性生产率角度的分析［J］．科学学研究，2012，30（1）：124－133.

［62］唐静，赵兰香，万劲波．中国最优R&D投入强度测算［J］．科研管理，2014，35（6）：102－107.

［63］万良勇．法治环境与企业投资效率——基于中国上市公司的实证研究［J］．金融研究，2013（12）：154－166.

［64］王博森，施丹．市场特征下会计信息对债券定价的作用研究［J］．会计研究，2014（4）：19－26.

［65］王凤彬，杨阳．跨国企业对外直接投资行为的分化与整合——基于上市公司市场价值的实证研究［J］．管理世界，2013（3）：148－171.

［66］王亮亮．真实活动盈余管理与权益资本成本［J］．管理科学，2013，26（5）：87－99.

［67］王文甫，明娟，岳超云．企业规模、地方政府干预与产能过剩［J］．管理世界，2014（10）：17－36.

［68］王文华，张卓．金融发展、政府补贴与研发融资约束——来自A股高新技术上市公司的经验证据［J］．经济与管理研究，2013（11）：51－57．

［69］王燕妮，刘艳妮．R&D会计政策选择对企业价值的影响［J］．科学学研究，2015，33（3）：398－406．

［70］魏明海，陈胜蓝，黎文靖．投资者保护研究综述：财务会计信息的作用［J］．中国会计评论，2007，1：131－150．

［71］魏明海，岳勇坚，雷倩华．盈余质量与交易成本［J］．会计研究，2013（3）：36－42．

［72］温忠麟，张雷，侯杰泰，等．中介效应检验程序及其应用［J］．心理学报，2004，36（5）：614－620．

［73］吴炳德．家族控制对企业创新投入的影响［D］．杭州：浙江大学，2014：40－80．

［74］吴剑峰，杨震宁．政府补贴、两权分离与企业技术创新［J］．科研管理，2014，35（12）：54－61．

［75］吴延兵．中国工业R&D产出弹性测算（1993—2002）［J］．经济学（季刊），2008（3）：869－890．

［76］吴祖光，万迪昉，吴卫华．税收对企业研发投入的影响：挤出效应与避税激励——来自中国创业板上市公司的经验证据［J］．研究与发展管理，2013，25（5）：1－11．

［77］夏冬林．受托责任、决策有用性与投资者保护［J］．会计研究，2015（1）：25－31．

［78］夏力．基于政治关联的中国民营企业技术创新研究［D］．南京：南京大学，2013：5－50．

［79］肖海莲，唐清泉，周美华．负债对企业创新投资模式的影响——基于R&D异质性的实证研究［J］．科研管理，2014，35（10）：77－85．

［80］谢志华，崔学刚，杜海霞，等．会计的投资者保护功能及评价［J］．会计研究，2014（4）：34－41．

［81］谢志华．论会计的经济效应［J］．会计研究，2014（6）：8－16．

［82］熊彼特．经济发展理论［M］．北京：中国社会科学出版社，2009：

22 - 60.

[83] 胥朝阳，刘睿智. 提高会计信息可比性能抑制盈余管理吗？[J]. 会计研究，2014 (7): 50 - 57.

[84] 徐宁. 高科技公司高管股权激励对 R&D 投入的促进效应——一个非线性视角的实证研究 [J]. 科学学与科学技术管理，2013，34 (2): 12 - 19.

[85] 徐寿福，徐龙炳. 现金股利政策、代理成本与公司绩效 [J]. 管理科学，2015，28 (1): 96 - 110.

[86] 徐欣，唐清泉. R&D 活动、创新专利对企业价值的影响——来自中国上市公司的研究 [J]. 研究与发展管理，2010，22 (4): 20 - 29.

[87] 严成樑，周铭山，龚六堂. 知识生产、创新与研发投资回报 [J]. 经济学（季刊），2010 (3): 1051 - 1070.

[88] 杨海燕，韦德洪，孙健. 机构投资者持股能提高上市公司会计信息质量吗？——兼论不同类型机构投资者的差异 [J]. 会计研究，2012 (9): 16 - 23.

[89] 杨清香，姚静怡，张晋. 与客户共享审计师能降低公司的财务重述吗？——来自中国上市公司的经验证据 [J]. 会计研究，2015 (6): 72 - 79.

[90] 杨世忠. 企业会计信息供需博弈关系分析 [J]. 会计研究，2007 (4): 34 - 40.

[91] 杨勇，袁卓. 技术创新与新创企业生产率——来自 VC/PE 支持企业的证据 [J]. 管理工程学报，2014，28 (1): 56 - 64.

[92] 姚文韵，崔学刚. 会计治理功能研究：分析与展望 [J]. 会计研究，2011 (2): 31 - 38.

[93] 叶建华，周铭山，彭韶兵. 盈利能力、投资者认知偏差与资产增长异象 [J]. 南开管理评论，2014，17 (1): 61 - 68.

[94] 于君博，舒志彪. 企业规模与创新产出关系的实证研究 [J]. 科学学研究，2007，25 (2): 373 - 380.

[95] 余海宗，丁璐，谢璇，等. 内部控制信息披露、市场评价与盈余信息含量 [J]. 审计研究，2013 (5): 87 - 95.

[96] 袁东任，汪炜. 信息披露与企业研发投入 [J]. 科研管理，2015，

36 (11): 80 - 88.

[97] 袁建国，后青松，程晨. 企业政治资源的诅咒效应 [J]. 管理世界，2015 (1): 139 - 155.

[98] 袁知柱，吴粒. 会计信息可比性研究评述及未来展望 [J]. 会计研究，2012 (9): 9 - 15.

[99] 曾颖，陆正飞. 信息披露质量与股权融资成本 [J]. 经济研究，2006，2 (6): 69 - 79.

[100] 张琛，刘银国. 会计稳健性与自由现金流的代理成本：基于公司投资行为的考察 [J]. 管理工程学报，2015，29 (1): 98 - 105.

[101] 张春景，陈永泰. 跨期融资约束条件下企业投资决策的模型研究 [J]. 软科学，2013，27 (2): 90 - 93.

[102] 张宗新，王海亮. 投资者情绪、主观信念调整与市场波动 [J]. 金融研究，2013 (4): 142 - 155.

[103] 赵刚，梁上坤，王玉涛. 会计稳健性与银行借款契约——来自中国上市公司的经验证据 [J]. 会计研究，2014 (12): 18 - 24.

[104] 赵静，郝颖. 政府干预、产权特征与企业投资效率 [J]. 科研管理，2014，35 (5): 84 - 92.

[105] 赵宇龙. 会计盈余披露的信息含量——来自上海股市的经验证据 [J]. 经济研究，1998 (7): 42 - 50.

[106] 肇启伟，付剑峰，刘洪江. 科技金融中的关键问题——中国科技金融2014年会综述 [J]. 管理世界，2015 (3): 164 - 167.

[107] 朱松. 企业社会责任、市场评价与盈余信息含量 [J]. 会计研究，2011 (11): 27 - 34.

[108] 朱松. 债券市场参与者关注会计信息质量吗? [J]. 南开管理评论，2013，16 (3): 16 - 25.

[109] 朱英姿，许丹. 官员晋升压力、金融市场化与房价增长 [J]. 金融研究，2013 (1): 65 - 78.

[110] Abel A B. Optimal Investment under Uncertainty [J]. The American Economic Review, 1983: 228 - 233.

[111] Acemoglu D, Gancia G, Zilibotti F. Competing Engines of Growth: Innovation and Standardization [J]. Journal of Economic Theory, 2012, 147 (2): 570-601.

[112] Aggarwal R K, Samwick A A. The Other Side of the Tradeoff: The Impact of Risk on Executive Compensation [J]. Journal of Political Economy, 1998, 107 (1): 65-105.

[113] Aghion P, Howitt P. A Model of Growth through Creative Distruction [J]. Econometrica, 1992, 60 (2): 323-351.

[114] Ahmed A S, Duellman S. Evidence on the Role of Accounting Conservatism in Monitoring Managers' Investment Decisions [J]. Accounting & Finance, 2011, 51 (3): 609-633.

[115] Akerlof G A. The Market for "Lemons": Quality Uncertainty and the Market Mechanism [J]. Quarterly Journal of Economics, 1970, 84 (3): 488-500.

[116] Ang J S, Cole R A, Lin J W. Agency Costs and Ownership Structure [J]. Journal of Finance, 2007, 55 (1): 81-106.

[117] Ang J S, Cole R A, Lin J W. Agency Costs and Ownership Structure [J]. Journal of Finance, 2000, 55 (1): 81-106.

[118] Armstrong C S, Blouin J L, Jagolinzer A D, et al. Corporate governance, incentives, and tax avoidance [J]. Journal of Accounting and Economics, 2015, 60 (1): 1-17.

[119] Balakrishnan K, Core J E, Verdi R S. The relation between Reporting Quality and Financing and Investment: Evidence from Changes in Financing Capacity [J]. Journal of Accounting Research, 2014, 52 (1): 1-36.

[120] Balakrishnan K, Watts R L, Zuo L. The Effect of Accounting Conservatism on Corporate Investment during the Global Financial Crisis [J]. Journal of Business Finance & Accounting, 2015, 43 (5): 513-542.

[121] Ball R, Brown P. An Empirical Evaluation of Accounting Income Numbers [J]. Journal of Accounting Research, 1968, 6 (2): 159-178.

[122] Ball R, Shivakumar L. Earnings Quality in UK Private Firms: Comparative Loss Recognition Timeliness [J]. Journal of Accounting and Economics, 2005, 39 (1): 83-128.

[123] Baron R M, Kenny D A. The Moderator-mediator Variable Distinction in Social Psychological Research: Conceptual, Strategic, and Statistical Considerations [J]. Journal of Personality & Social Psychology, 1987, 51 (6): 1173-1182.

[124] Barry C B, Brown S J. Differential Information and Security Market Equilibrium [J]. Journal of Financial & Quantitative Analysis, 1985, 20 (4): 407-422.

[125] Barth M E, Konchitchki Y, Landsman W R. Cost of Capital and Earnings Transparency [J]. Journal of Accounting and Economics, 2013, 55 (2): 206-224.

[126] Basu S. The Conservatism Principle and Asymmetric Timeliness of Earnings [J]. Journal of Accounting & Economics, 1997, 24 (1): 3-37.

[127] Beaver W H, Clarke R, Wright W F. The Association between Unsystematic Security Returns and the Magnitude of Earnings Forecast Errors [J]. Journal of Accounting Research, 1979, 17 (2): 316-340.

[128] Beaver W H. The Information Content of Annual Earnings Announcements [J]. Journal of Accounting Research, 1968, 6 (3): 67-92.

[129] Bebchuk L A, Fried J M. Executive Compensation as an Agency Problem [J]. Journal of Economic Perspectives, 2003, 17 (3): 71-92.

[130] Bena J, LI K. Corporate Innovations and Mergers and Acquisitions [J]. The Journal of Finance, 2014, 69 (5): 1923-1960.

[131] Berle A A, Means G G C. The Modern Corporation and Private Property [M]. Transaction Publishers, 1991, 23-50.

[132] Bhattacharya U, Daouk H, Welker M. The World Price of Earnings Opacity [J]. The Accounting Review, 2003, 78 (3): 641-678.

[133] Biddle G C, Hilary G, Verdi R S. How does Financial Reporting

Quality Relate to Investment Efficiency? [J]. Journal of Accounting and Economics, 2009, 48 (2): 112 -131.

[134] Biddle G C, Hilary G. Accounting Quality and Firm-level Capital Investment [J]. The Accounting Review, 2006, 81 (5): 963 -982.

[135] Bloom N, Reenen J V. Patents, Real Options and Firm Performance [J]. Economic Journal, 2002, 112 (478): 97 -116.

[136] Bosworth D, Rogers M. Market Value, R&D and Intellectual Property: An Empirical Analysis of Large Australian Firms [J]. Economic Record, 2001, 77 (239): 323 -337.

[137] Brown J R, Martinsson G, Petersen B C. Law, Stock Markets, and Innovation [J]. The Journal of Finance, 2013, 68 (4): 1517 -1549.

[138] Bushman R M, Piotroski J D. Financial Reporting Incentives for Conservative Accounting: The Influence of Legal and Political Institutions [J]. Journal of Accounting and Economics, 2006, 42 (1): 107 -148.

[139] Bushman R M, Smith A J. Financial Accounting Information and Corporate Governance [J]. Journal of accounting and Economics, 2001, 32 (1): 237 -333.

[140] Canepa A, Stoneman P. Financial Constraints to Innovation in the UK: Evidence from CIS2 and CIS3 [J]. Oxford Economic Papers, 2008, 4 (60): 711 -730.

[141] Chan K, Chen H, Hong L, et al. Stock Market Valuation of R&D Expenditures—The Role of Corporate Governance [J]. Pacific-Basin Finance Journal, 2015, 31: 78 -93.

[142] Chauvin K W, Hirschey M. Advertising, R&D Expenditures and the Market Value of the Firm [J]. Financial Management, 1993, 22 (4): 128 -140.

[143] Chen F, Hope O, Li Q, et al. Financial Reporting Quality and Investment Efficiency of Private Firms in Emerging Markets [J]. The Accounting Review, 2011, 86 (4): 1255 -1288.

[144] Chen Y, Schwartz M. Product Innovation Incentives: Monopoly vs. Competition [J]. Journal of Economics & Management Strategy, 2013, 22 (3): 513 -528.

[145] Coase R H. The Nature of the Firm [J]. International Sourcing in Athletic Footwear Nike & Reebok, 1937, 4 (16): 386 -405.

[146] Cobb C W, Douglas P H. A Theory of Production [J]. American Economic Review, 1928, 18 (1): 139 -165.

[147] Cockburn I, Griliches Z. Industry Effects and Appropriability Measures in the Stock Market's Valuation of R&D and Patents [J]. The American Economic Review, 1988, 78 (2): 419 -423.

[148] Cohen L, Diether K, Malloy C. Misvaluing Innovation [J]. Review of Financial Studies, 2013, 26 (3): 635 -666.

[149] Coles J L, Loewenstein U, Suay J. On Equilibrium Pricing under Parameter Uncertainty [J]. Journal of Financial & Quantitative Analysis, 1995, 30 (3): 347 -364.

[150] Coles J L, Loewenstein U. Equilibrium Pricing and Portfolio Composition in the Presence of Uncertain Parameters [J]. Journal of Financial Economics, 1988, 22 (2): 279 -303.

[151] Cornaggia J, Mao Y, Tian X, et al. Does Banking Competition Affect Innovation? [J]. Journal of Financial Economics, 2015, 115 (1): 189 -209.

[152] Crosby P B. Quality Is Free: The Art of Making Quality Certain [J]. A Mature View of the CMM, American Programmer, 1979 (7): 19.

[153] De Franco G, Kothari S P, Verdi R S. The Benefits of Financial Statement Comparability [J]. Journal of Accounting Research, 2011, 49 (4): 895 -931.

[154] Deangelo L E. Accounting Numbers as Market Valuation Substitutes: A Study of Management Buyouts of Public Stockholders [J]. Accounting Review, 1986, 61 (3): 400 -420.

[155] Dechow P M, Dichev I D. The Quality of Accruals and Earnings: The Role of Accrual Estimation Errors [J]. Accounting Review, 2002, 77 (4): 35 - 59.

[156] Dechow P M, Ge W, Larson C R, et al. Predicting Material Accounting Misstatements [J]. Contemporary Accounting Research, 2011, 28 (1): 17 - 82.

[157] Dechow P M, Sweeney A P. Detecting Earnings Management [J]. Social Science Electronic Publishing, 1994, 70 (2): 193 - 225.

[158] Dechow P, Ge W, Schrand C. Understanding Earnings Quality: A Review of the Proxies, Their Determinants and Their Consequences [J]. Journal of Accounting and Economics, 2010, 50 (2): 344 - 401.

[159] Defond M L, Park C W. The Effect of Competition on CEO Turnover [J]. Journal of Accounting & Economics, 1999, 27 (1): 35 - 56.

[160] Demirtas K O, Cornaggia K R. Initial Credit Ratings and Earnings Management [J]. Review of Financial Economics, 2013, 22 (4): 135 - 145.

[161] Demsetz H. The Cost of Transacting [J]. Quarterly Journal of Economics, 1968, 82 (1): 33 - 53.

[162] Doukas J, Switzer L. The Stock Market's Valuation of R&D Spending and Market Concentration [J]. Journal of Economics and Business, 1992, 44 (2): 95 - 114.

[163] Easley D, O'hara M. Information and the Cost of Capital [J]. Journal of Finance, 2004, 59 (4): 1553 - 1583.

[164] Ecker F, Francis J, Kim I, et al. A Returns-based Representation of Earnings Quality [J]. The Accounting Review, 2006, 81 (4): 749 - 780. Tian X, Wang T Y. Tolerance for Failure and Corporate Innovation [J]. Review of Financial Studies, 2014, 27 (1): 211 - 255.

[165] Engel E, Hayes R M, Wang X. CEO Turnover and Properties of Accounting Information [J]. Journal of Accounting & Economics, 2003, 36 (1): 197 - 226.

[166] Fang V W, Tian X, Tice S. Does Stock Liquidity Enhance or Impede Firm Innovation? [J]. The Journal of Finance, 2014, 69 (5): 2085 -2125.

[167] Fasb. http: //www. fasb. org/jsp/FASB/Page/LandingPage&cid = 1175805317350 [EB/OL]. 2015: 2015.

[168] Feigenbaum A V. Total quality Control: Engineering and Management [J]. McGraw-Hill international editions, 1983.

[169] Feltham G A, Ohlson J A. Valuation and Clean Surplus Accounting for Operating and Financial Activities [J]. Contemporary Accounting Research, 1995, 11 (2): 689 -731.

[170] Francis J, Lafond R, Olsson P M, et al. Costs of Equity and Earnings Attributes [J]. Accounting Review, 2004, 79 (4): 967 -1010.

[171] Francis J, Lafond R, Olsson P, et al. The Market Pricing of Accruals Quality [J]. Journal of Accounting & Economics, 2004, 39 (2): 295 -327.

[172] Francis J, Smith A. Agency Costs and Innovation Some Empirical Evidence [J]. Journal of Accounting and Economics, 1995, 19 (2): 383 -409.

[173] Freeman C, Soete L. The Economics of Industrial Innovation, 3rd Edition [J]. Mit Press Books, 1997, 1.

[174] Gao W, Chou J. Innovation Efficiency, Global Diversification, and Firm value [J]. Journal of Corporate Finance, 2015, 30: 278 -298.

[175] Gopalakrishnan M, Libby T, Samuels J A, et al. The Effect of Cost Goal Specificity and New Product Development Process on Cost Reduction Performance [J]. Accounting, Organizations and Society, 2015, 42: 1 -11.

[176] Griliches Z. Market value, R&D, and Patents [J]. Economics Letters, 1981, 7 (87): 183 -187.

[177] Griliches Z. Productivity, R&D, and Basic Research at the Firm Level in the 1970's [J]. The American Economic Review, 1986, 76 (1): 141 -154.

[178] Griliches Z. Returns to Research and Development Expenditures in the

Private Sector [M]. National Bureau of Economic Research, Inc, 1980: 419 -462.

[179] Grossman S J, Hart O D. The Costs and Benefits of Ownership: A Theory of Vertical and Lateral Integration [J]. Journal of Political Economy, 1986, 94 (4): 691 -719.

[180] Guochang Z. Accounting Information, Capital Investment Decisions, and Equity Valuation: Theory and Empirical Implications [J]. Journal of Accounting Research, 2000, 38 (2): 271 -295.

[181] Hall B H, Lerner J. The Financing of R&D and Innovation [J]. Handbook of the Economics of Innovation, 2010 (1): 609 -639.

[182] Hall B H. The Stock Market's Valuation of R&D Investment during the 1980s [J]. American Economic Review, 1993, 83 (2): 259 -264.

[183] Hart O, Moore J. Property Rights and the Nature of the Firm [J]. Journal of Political Economy, 1990, 98 (6): 1119 -1158.

[184] Hayashi F. Tobin's Marginal q and Average q: A Neoclassical Interpretation [J]. Econometrica: Journal of the Econometric Society, 1982, 50 (1): 213 -224.

[185] He J J, Tian X. The Dark Side of Analyst Coverage: The Case of Innovation [J]. Journal of Financial Economics, 2013, 109 (3): 856 -878.

[186] Healy P M. The Effect of Bonus Schemes on Accounting Decisions [J]. Journal of Accounting & Economics, 1985, 7 (85): 85 -107.

[187] Heshmati A, Kim H. The R&D and Productivity Relationship of Korean Listed Firms [J]. Journal of Productivity Analysis, 2011, 36 (2): 125 -142.

[188] Himmelberg C P, Hubbard R G, Love I. Investor Protection, Ownership, and the Cost of Capital [J]. World Bank Policy Research Working Paper, 2004 (2834).

[189] Hirshleifer D, Hsu P, Li D. Innovative Efficiency and Stock Returns [J]. Journal of Financial Economics, 2013, 107 (3): 632 -654.

[190] Holmstrom B. Agency Costs and Innovation [J]. Journal of Economic Behavior & Organization, 1989, 12 (3): 305 -327.

[191] Hsieh P H, Mishra C S, Gobeli D H. The Return on R&D Versus Capital Expenditures in Pharmaceutical and Chemical Industries [J]. Engineering Management IEEE Transactions on, 2003, 50 (2): 141 - 150.

[192] Hsu P, Tian X, Xu Y. Financial Development and Innovation: Cross-country Evidence [J]. Journal of Financial Economics, 2014, 112 (1): 116 - 135.

[193] Hu A G Z, Jefferson G H, Qian J. R&D and Technology Transfer: Firm-Level Evidence from Chinese Industry [J]. Review of Economics & Statistics, 2003, 87 (4): 780 - 786.

[194] Hyytinen A, Toivanen O. Do Financial Constraints Hold Back Innovation and Growth?: Evidence on the role of public policy [J]. Research Policy, 2005, 34 (9): 1385 - 1403.

[195] Islam S S, Mozumdar A. Financial Market Development and the Importance of Internal Cash: Evidence from International Data [J]. Journal of Banking & Finance, 2007, 31 (3): 641 - 658.

[196] Iso. http://www.iso.org/iso/home/standards/management-standards/iso_9000.htm [EB/OL]. 2015.

[197] Jefferson G H, Huamao B, Xiaojing G, et al. R&D Performance in Chinese Industry [J]. Economics of Innovation and New Technology, 2006, 15 (4): 345 - 366.

[198] Jensen M C, Meckling W H. Theory of the Firm: Managerial Behavior, Agency Costs, and Ownership Structure [M]. Springer, 1979. 1 - 20.

[199] Jensen M C, Murphy K J. CEO Incentives-its not How Much You Pay, But How [J]. Harvard Business Review, 1990, 68 (3): 36 - 49.

[200] Jensen M C, Murphy K J. Performance Pay and Top-Manager Incentives [J]. Journal of Political Economy, 1990, 98 (2): 225 - 264.

[201] John K, Litov L, Yeung B. Corporate Governance and Risk-taking [J]. The Journal of Finance, 2008, 63 (4): 1679 - 1728.

[202] Johnson S, La Porta R, Lopez-de-silanes F, et al. Tunneling [J].

American Economic Review, 2000, 90 (2): 22 -27.

[203] Jones C I. R&D-based Models of Economic Growth [J]. Journal of Political Economy, 1995, 103 (4): 759.

[204] Jones J J. Earnings Management during Import Relief Investigations [J]. Journal of Accounting Research, 1991, 29 (2): 193 -228.

[205] Juran J M. Juran on Planning for Quality [M]. Free Press, Collier Macmillan, 1988.

[206] Kanodia C, Sapra H. A Real Effects Perspective to Accounting Measurement and Disclosure: Implications and Insights for Future Research [J]. Journal of Accounting Research, 2016, 54 (2): 623 -676.

[207] Kaplan S N, Minton B A. How Has CEO Turnover Changed? [J]. International Review of Finance, 2012, 12 (1): 57 -87.

[208] Kaplan S N, Zingales L. Do Investment-cash Flow Sensitivities Provide Useful Measures of Financing Constraints? [J]. The Quarterly Journal of Economics, 1997, 112 (1): 169 -215.

[209] Khan M, Watts R L. Estimation and Empirical Properties of a Firm-Year Measure of Accounting Conservatism [J]. Journal of Accounting & Economics, 2009, 48 (2): 132 -150.

[210] King M A, Robson M H. A Dynamic Model of Investment and Endogenous Growth [J]. Scandinavian Journal of Economics, 1993, 95 (4): 445 -466.

[211] Klein P G. Corporate Diversification and Innovation: Managerial Myopia or Inefficient Internal Capital Markets? [Z]. 2011.

[212] La Porta R, Lopez-de-silanes F, Shleifer A, et al. Investor Protection and Corporate Governance [J]. Journal of Financial Economics, 2000, 58 (1): 3 -27.

[213] La Porta R, Lopez-de-silanes F, Shleifer A, et al. Law and Finance [J]. Journal of Political Economy, 1998, 106 (6): 1111 -1113.

[214] La Porta R, Lopez-de-silanes F, Shleifer A, et al. Legal Determi-

nants of External Finance [J]. Journal of Finance, 1997, 52 (3): 1131 - 1150.

[215] Laeven L, Levine R, Michalopoulos S. Financial Innovation and Endogenous Growth [J]. Journal of Financial Intermediation, 2015, 24 (1): 1 - 24.

[216] Lafond R, Watts R L. The Information Role of Conservatism [J]. Accounting Review, 2008, 83 (2): 447 -478.

[217] Lambert R A, Verrecchia R E. Information, Illiquidity, and Cost of Capital [J]. Contemporary Accounting Research, 2015, 32 (2): 438 -454.

[218] Lambert R, Leuz C, Verrecchia R E. Accounting Information, Disclosure, and the Cost of Capital [J]. Journal of Accounting Research, 2007, 45 (2): 385 -420.

[219] Lancaster K J, Lancaster K J. A New Approach to Consumer Theory [J]. Levines Working Paper Archive, 2010 (74): 106 -107.

[220] Lang M, Lins K V, Maffett M. Transparency, Liquidity, and Valuation: International Evidence on When Transparency Matters Most [J]. Journal of Accounting Research, 2012, 50 (3): 729, 774.

[221] Lanham R A. The Economics of Attention: Style and Substance in the Age of Information [M]. University of Chicago Press, 2006. 30 -62.

[222] Lee P M, O'neill H M. Ownership Structures and R&D Investments of US and Japanese Firms: Agency and Stewardship Perspectives [J]. Academy of Management Journal, 2003, 46 (2): 212 -225.

[223] Li F. Annual Report Readability, Current Earnings, and Earnings Persistence [J]. Journal of Accounting & Economics, 2008, 45 (2): 221 -247.

[224] Littleton A C. Structure of Accounting Theory [M]. Menasha, Wisconsin: American Accounting Association, 1953: 216. 7 -80.

[225] Longo G. Information Theory: New Trends and Open Problems [M]. Springer [in Komm.], 1975.

[226] Loughran T, Mcdonald B. Measuring Readability in Financial Disclo-

sures [J]. Journal of Finance, 2014, 69 (4): 1643 - 1671.

[227] Lynn G S, Morone J G, Paulson A S. Marketing and Discontinuous Innovation: The Probe and Learn Process [J]. California Management Review, 1996, 38 (3): 8 - 37.

[228] Mansfield E. Research and Innovation in the Modern Corporation [J]. 1971.

[229] Martos-partal M. Innovation and the Market Share of Private Labels [J]. Journal of Marketing Management, 2012, 28 (5): 695 - 715.

[230] Mclean R D, Zhang T, Zhao M. Why Does the Law Matter? Investor Protection and Its Effects on Investment, Finance, and Growth [J]. The Journal of Finance, 2012, 67 (1): 313 - 350.

[231] Mcnichols M F, Stubben S R. Does Earnings Management Affect Firms' Investment Decisions? [J]. Accounting Review, 2008, 83 (6): 1571 - 1603.

[232] Mehran H. Executive Compensation Structure, Ownership and Firm Performance [J]. Journal of Financial Economics, 1994, 38 (2): 163 - 184.

[233] Miozzo M, Dewick P. Building Competitive Advantage: Innovation and Corporate Governance in European Construction [J]. Research Policy, 2002, 31 (6): 989 - 1008.

[234] Modigliani F, Miller M H. The Cost of Capital, Corporate Finance and the Theory of Investment [J]. American Economic Review, 1958, 48.

[235] Motta A D. Managerial Incentives and Internal Capital Markets [J]. Journal of Finance, 2003, 58 (3): 1193 - 1220.

[236] Munari F, Oriani R, Sobrero M. The Effects of Owner Identity and External Governance Systems on R&D Investments: A Study of Western European Firms [J]. Research Policy, 2010, 39 (8): 1093 - 1104.

[237] Murphy K J. Executive Compensation [J]. Handbook of Labor Economics, 1999, 3b: 2485 - 2563.

[238] Myers S C, Majluf N S. Corporate Financing and Investment Decisions

When Firms Have Information That Investors Do Not Have [J]. Journal of Financial Economics, 1984, 13 (2): 187 -221.

[239] Nelson R R. The Simple Economics of Basic Scientific Research [J]. Journal of Political Economy, 1959, 67 (3): 297 -306.

[240] Ng D T, Daouk H, Lee C M C. Capital Market Governance: How Do Securities Laws Affect Market Performance [J]. Journal of Corporate Finance, 2006, 12 (3): 560 -593.

[241] North D C. Institutions, Institutional Change and Economic Performance [M]. Cambridge University Press, 1990. 5 -60.

[242] Ohlson J A. Earnings, Book Values, and Dividends in Equity Valuation [J]. Contemporary Accounting Research, 1995, 11 (2): 661 -687.

[243] Palmrose Z V, Scholz S. The Circumstances and Legal Consequences of Non-GAAP Reporting: Evidence from Restatements [J]. Social Science Electronic Publishing, 2004, 21 (1): 139 -180.

[244] Phillips K L, Wrase J. Is Schumpeterian 'Creative Destruction' A Plausible Source of Endogenous Real Business Cycle Shocks? [J]. Journal of Economic Dynamics & Control, 2006, 30: 1885 -1913.

[245] Rajan R G, Zingales L. Financial Dependence and Growth [J]. The American Economic Review, 1998, 88 (3): 559 -586.

[246] Richardson S. Over-investment of Free Cash Flow [J]. Review of Accounting Studies, 2006, 11 (2): 159 -189.

[247] Roberts M R. The Role of Dynamic Renegotiation and Asymmetric Information in Financial Contracting [J]. Journal of Financial Economics, 2015, 116 (1): 61 -81.

[248] Romer P M. Increasing Returns and Long-run Growth [J]. Journal of Political Economy, 1986, 94 (5): 1002 -1037.

[249] Rosenberg N. Inside the Black Box: Technology and Economics [J]. Southern Economic Journal, 1982, 25 (16): 192 -201.

[250] Roychowdhury S, Watts R L. Asymmetric Timeliness of Earnings,

Market-to-book and Conservatism in Financial Reporting [J]. Journal of Accounting & Economics, 2007, 44 (1): 2-31.

[251] Schumpeter J. Creative Destruction [J]. Capitalism, Socialism and Democracy, 1942.

[252] Shannon C E, Weaver W. The Mathematical Theory of Communication [J]. Urbana University of Illinois Press, 1949, 14 (3): 3-55.

[253] Shannon, C. E. Communication In the Presence of Noise [J]. Proceedings of the Ire, 1949, 86 (1): 10-21.

[254] Shleifer A, Vishny R W. A Survey of Corporate Governance [J]. The Journal of Finance, 1997, 52 (2): 737-783.

[255] Shleifer A, Vishny R W. Large Shareholders and Corporate Control [J]. Journal of Political Economy, 1986, 94 (3): 461-488.

[256] Smith C W, Stulz R M. The Determinants of Firms' Hedging Policies [J]. Journal of financial and Quantitative Analysis, 1985, 20 (4): 391-405.

[257] Solow R M. A Contribution to the Theory of Economic Growth [J]. Quarterly Journal of Economics, 1956, 70 (1): 65-94.

[258] Solow R M. Technical Change and the Aggregate Production Function [J]. The Review of Economics and Statistics, 1957, 39 (3): 312-320.

[259] Sonenshine R. The Stock Market's Valuation of R&D and Market Concentration in Horizontal Mergers [J]. Review of Industrial Organization, 2010, 37 (2): 119-140.

[260] Stein J C. Takeover Threats and Managerial Myopia [J]. The Journal of Political Economy, 1988, 1 (96): 61-80.

[261] Stiglitz J E, Weiss A. Credit Rationing in Markets with Imperfect Information [J]. The American Economic Review, 1981, 71 (3): 393-410.

[262] Sundaram A K, John T A, John K. An Empirical Analysis of Strategic Competition and Firm Values the Case of R&D Competition [J]. Journal of Financial Economics, 1996, 40 (3): 459-486.

[263] Tan Y, Tian X, Zhang C, et al. Privatization and Innovation: Evi-

dence from a Quasi-Natural Experiment in China [J]. Social Science Research Network, 2015.

[264] Tobin J. A General Equilibrium Approach to Monetary Theory [J]. Journal of Money Credit & Banking, 1969, 1 (1): 15-29.

[265] Van Nuys K. Corporate Governance through the Proxy Process: Evidence from the 1989 Honeywell Proxy Solicitation [J]. Journal of Financial Economics, 1993, 34 (1): 101-132.

[266] Watts R L, Zimmerman J L. Positive Accounting Theory [M]. Prentice-Hall, 1986: 455-468.

[267] Weisbach M S. Outside Directors and CEO Turnover [J]. Journal of Financial Economics, 1988, 20 (88): 431-460.

[268] Wurgler J. Financial Markets and the Allocation of Capital [J]. Journal of Financial Economics, 2000, 58 (1): 187-214.

[269] Xiao G. Legal Shareholder Protection and Corporate R&D Investment [J]. Journal of Corporate Finance, 2013, 23: 240-266.

[270] Zhang G. Accounting Information and Equity Valuation: Theory, Evidence, and Applications [M]. New York: Springer, 2014: 233.